GUÍA SUGERIDA PARA PADRES

Un Trayecto de 25 Días para Convertirte en el Hacedor de Discípulos de tu Hogar

Dr. Mark Smith

www.parentalguidancesuggested.org

ISBN-13: 978-1-935256-49-6

L'Edge Press
PO Box 1652
Boone, NC 28607
ledgepress.com
ledgepress@gmail.com

Reconocimientos

Dedicado a mi mayor fanática, mi mejor amiga y esposa, Sherri Smith

Agradecimientos Especiales

Daniel Aillaud De Uriarte
Mark & Tracey Shanks
Greg & Cindy Williams
Jeff & Heather Pope
Doug & Anissa Leatherman
Matt & Valeree Adams
Ryan & Julie Pruett
Matt & Joni Fallaw
Mark & Teresa Killian
Mike & Natalie Owen
George & Pat Council
Matt & Stacey Bolick
Joel & Angie Parker
Kim Crane
Julia Gruver
Beverly DeBonis
Dr. Bill Bennett
Mike Powers
Mark Holmen
Troy Howard
Vicki Gruver
Don Goosman
Stephanie Kates Montes

Portada y Diseño Interior por Abbie Frease y Abby Smith

Cuando yo terminé de leer el manuscrito de Dr. Mark Smith, yo me dije, este es un buen libro que conecta evidencia Bíblica convincente, buena investigación, y mucho consejo práctico. A mí me encantan los libros que combinan estas tres cosas porque sirve para inspirar, motivar y capacitarnos. Yo recomiendo 100% este libro a los padres y líderes de iglesias. Y a Mark le digo simplemente, "! Bien hecho siervo bueno y fiel!"
— Pastor Mark Holmen, Autor y Misionero al Movimiento Faith@Home (Fe en Casa)

Discipular es el centro del Cristianismo. Sin embargo hay pocos cristianos que saben discipular. Este libro capacita a cada padre a convertirse en uno que discípula.
— Dave y Vicki Gruver, Co-Fundadores, Christian Family International – Hickory, NC

Este libro es la combinación perfecta de un estudio Bíblico retador, estadísticas relevantes, e ideas prácticas en como verdaderamente discipular a tu hijo. Mark saca de sus años de experiencia como estudiante al pastorado y un padre para prepararte para el próximo nivel de enfocar a tu hijo en Cristo. Como padre este libro me ha retado con mis hijos, y como pastor de jóvenes ha moldeado mi manera de capacitar a los adolescentes. Si estás conectado con hijos o adolescentes de cualquier manera, este es un recurso que tienes que tener.
— Rev. Mike Powers, Estudiante al Pastorado, Hickory Grove Baptist Church Ramal Principal – Charlotte, NC

Por fin, un libro que prácticamente ayuda a los padres a discipular a sus hijos. Mi amigo, Dr. Mark Smith, ha escrito un recurso que transformará a tu familia. Este libro es un regalo a la iglesia y una herramienta útil para los padres y madres que buscan ayudar a sus hijos a "valorar a Cristo sobre todas las cosas."
— Steve Wright, Autor de ApParent Privilege y reThink.

Muchos padres hoy en día están perdiendo la bendición divina que viene de proveer una guía espiritual a nuestros hijos en el hogar. Dr. Mark Smith ha provisto una guía práctica y profunda en la Escritura para enseñar a los padres como ayudar a sus hijos a ser seguidores más apasionados de Jesucristo. Cada padre que usa Guía Sugerida Para Padres lo encontrará como un desafío pero de beneficio. !Le adoro a Dios por este gran recurso!
— Dr. Stephen N. Rummage, Pastor General, Bell Shoals Baptist Church – Brandon, FL

En tiempos de Guerra spiritual sobre la familia el Dr. Mark Smith entrega un mapa practico que servira de catapulta a todo hogar para lograr familias sanas y Fuertes. Este es un libro que todo padre necesita tener.

Pastor Carlos Rodriguez

PREFACIO
Dr. Bill Bennett
Presidente de Mentoring Men for the Master (Ser Mentor a los Hombres para el Maestro)

La Familia en América está enfrentando problemas profundos y devastadores que claman por una respuesta. Por tal razón, yo estoy sumamente emocionado recomendarte un libro que identifica los problemas y presenta soluciones bíblicas. Este libro fue diseñado con tres cosas en mente:

- Ser corto y fácil de leer
- Dar al lector siete días para leer cinco días de material, y
- Servir como un estudio para individuales o grupos para seis semanas

El libro consiste de 5 capítulos, cada uno que presenta un problema en específico y asigna a quien le corresponde tratar con el problema:

Capítulo 1 – Demuestra la razón primordial por la cual Dios ha puesto las "joyas preciosas" que son los niños en las manos de los padres para introducirlos a su Hijo, Jesucristo.

Capítulo 2 – Tiene como título, "Todo Comienza Contigo," "Contigo" siendo los padres que tienen que desarrollar la santidad para guiar a sus hijos. Una cita resume este capítulo, "Enseñamos lo que sabemos, reproducimos lo que somos." (John Maxwell)

Capítulo 3 – Explora maneras bíblicas con las cuales los padres deben guiar a sus familias a Jesucristo como Señor y Salvador y entrar en relaciones más profundas con El.

Capítulo 4 – El enfoque de este capítulo es para explicar el texto honrado por tiempo, pero generalmente mal-entendido, de Proverbios 22:6, que llama a los padres a descubrir la "natural God-given bent de cada uno de sus hijos" y enseñar y guiarlos a cumplir el propósito de Dios en sus vidas. Se exploran tres maneras básicas de aprender: Visual, Auditorio, y Kenestético.

Capítulo 5 – Este capítulo se titula "Ambiente de Crecimiento Espiritual." Por lo tanto este capítulo se trata de "padres cultivando un ambiente de crecimiento espiritual en su hogar."

Todos los materiales anteriores son diseñados como un Estudio Bíblico Grupal para seis semanas:

Semana 1 – Introducción y distribución de libros
Semana 2 – Discutir el material de Semana 1
Semana 3 – Discutir el material de Semana 2
Semana 4 – Discutir el material de Semana 3
Semana 5 – Discutir el material de Semana 4
Semana 6 – Discutir el material de Semana 5
Semana 7 – Comer juntos y compartir los resultados exitosos (Opcional)

Como pastor para más de 50 años, de iglesias con una membresía de 85 a 8000, yo intenté avisar a los padres de su responsabilidad dado por Dios a ser "profeta, sacerdote y rey" de sus hogares y las maneras bíblicas que podían utilizar para cumplir con esta labor estupenda. Hubiera sido mejor si desde antes habría tenido el libro de Dr. Mark Smith. Pero ustedes pastores y padres que leen mis palabras saben de este libro, y les exhorto que aprovechen de el.

Finalmente, la recomendación más persuasiva de este libro no es la mía, sino el hecho de que hermano Mark ha vivido los principios Bíblicos que ha puesto en práctica en su propio hogar, y ha desarrollado una familia maravillosa. Esto yo sé porque yo fui su mentor por muchos años. Te felicito, hermano Mark, por no solamente compartir sus ideas notables en su escritura sino también por demostrar en él mismo como sus principios, cuando obedecidos, resultan en un gran hogar. No necesito añadir nada más excepto decirte que necesitas hacer cinco cosas:

- *Comprar el libro*
- *Leerlo*
- *Aplicarlo*
- *Recomendarlo a otros*
- *Regalarlo a tus amigos*

Tabla de Contenido

TE TENGO - TE TOCA A TI

Lee Esto Primero – Intro de Semana 1…

¿Hay veces que tú luchas para mantener los platos girando? Entre cada cita, obligación social, responsabilidad de trabajo, tarea y evento deportivo la vida a veces te puede hace sentir como si estuvieras en avance rápido. Cuando nos están halando en diez direcciones diferentes, es fácil estar desconectado de la gente más preciosa que Dios nos ha dado. Podemos sentir que somos inefectivos como padres y pensar que no tenemos influencia en las vidas de nuestros hijos. Si no tenemos cuidado, nuestros trabajos, obligaciones y actividades pueden ser una piedra de tropiezo para la mayor responsabilidad que tenemos en la vida…nuestra familia. Si algo aquí te suena familiar, entonces me alegro que este libro esté en tus manos.

Comenzando esta semana, empezaremos un trayecto para descubrir la asignación más importante de Dios para ti como padre. Él ha puesto en tus manos capaces algo muy precioso. Él te ha dado hijos por muchas razones, pero solamente hay una razón esencial por la cual Dios ha puesto estas joyas sin precio bajo tu cuidado. Él desea que estén introducidos a su Hijo, Jesucristo. Después que hayan entregado sus vidas a Cristo, el Señor te da una vida para cultivar en ellos un hambre y sed para su Palabra y mostrarles cómo vivir de una manera que lo honra y lo complace. Simplemente, Él puso a tus hijos en tu vida para que pudieras ser la persona que los discipule principalmente. Con esto dicho, puede ser que tengas varias preguntas. Probablemente tu mayor pregunta es, '¿cómo?' Las respuestas de esa pregunta y de muchas más están en las páginas siguientes…Entonces vamos a comenzar el trayecto.

Escucha, Israel: El Señor nuestro Dios es el único Señor. Ama al Señor tu Dios con todo tu corazón y con toda tu alma y con todas tus fuerzas. Grábate en el corazón estas palabras que hoy te mando. Incúlcaselas continuamente a tus hijos. Háblales de ellas cuando estés en tu casa y cuando vayas por el camino, cuando te acuestes y cuando te levantes. Átalas a tus manos como un signo; llévalas en tu frente como una marca; escríbelas en los postes de tu casa y en los portones de tus ciudades. (Deut. 6:4-9)

"Aquí arregla tu centro; aquí dirige tu objetivo; aquí concentra tus esfuerzos, tus energías, y tus oraciones. Acuérdate, su educación religiosa es tu responsabilidad. Cualquier ayuda le pides a los ministros o maestros, nunca puedes ni debes delegar este trabajo. Dios te hará responsable por las almas de tus hijos."
— John Angell James

Día 1

Los hijos son una herencia del Señor, los frutos del vientre son una recompensa. Como flechas en las manos del guerrero son los hijos de la juventud. Dichosos los que llenan su aljaba con esta clase de flechas. No serán avergonzados por sus enemigos cuando litiguen con ellos en los tribunales.
(Sal. 127:3-5)

La corona del anciano son sus nietos; el orgullo de los hijos son sus padres.
(Prov. 17:6)

"El problema con la carrera de ratas es que incluso si usted gana, usted sigue siendo una rata."
— Jane Wagner

¿Nunca has abandonado a tus hijos?

No hace muchos años yo estaba parado afuera del centro estudiantil de la Iglesia recibiendo a los adolescentes y sus amigos a nuestro evento de jóvenes un miércoles de noche. Siempre traté de saludar a cada joven mientras entraba al edificio. Una noche dos padres entraron al centro estudiantil, cada uno con su hijo. Sin hesitación (o Vacilación) saludé a los padres y sus hijos. Comenzamos a hablar, y entraron al edificio. Fue refrescante ver a estos hombres llevando a sus hijos a la iglesia un miércoles de noche. Me acuerdo que pensé que estos hombres estaban siendo buenos ejemplos para sus adolescentes. Diez minutos después, mientras yo estaba todavía saludando a los estudiantes llegando, los mismos dos padres me pasaron en su camino al estacionamiento. Esta vez no pararon a hablar. Mientras me pasaban por el lado escuché a uno de ellos decir, "¿Tenemos una hora, quieres buscar algo de beber?" ! Mis pensamientos cálidos anteriores se me fueron al instante! ! Estaba sin palabras! Mientras yo los veía entrar al carro y salir del estacionamiento, muchas preguntas me llegaron a la mente. "¿Por qué estos padres estaban dejando a sus adolescentes y yéndose? "¿Por qué no se quedaron?" "Tenemos programas de adultos a la misma vez que tenemos el evento de jóvenes. ¿Por qué no fueron a uno de esos?" Sin necesidad de decirlo, sentí que fui redactado de un pastor de jóvenes a un cuidador de niños.

Estos dos padres me demostraron algo que no estaba viendo por más de veinte años en el ministerio. Me ocurrió que hay un gran malentendido en las mentes de muchos padres. De acuerdo a Deuteronomio 6, Dios explícitamente da la responsabilidad a los padres de enseñar a sus hijos acerca de Él y su Palabra. Cuando Dios dice en Deuteronomio 6:7a, "Incúlcaselas continuamente a tus hijos," Él está hablando directamente a los padres. ¿Estas son buenas noticias? Básicamente los padres están ordenados a ser los primarios hacedores de discípulos de sus hijos. Ya me estoy dando cuenta de que más y más padres se están desconectando de su papel como el hacedor primario de discípulos de sus hijos y esperando que otro los eduque espiritualmente en vez de ellos. En otras palabras, los padres no están tomando su lugar como hacedores de discípulos. ! En realidad, están abandonando su responsabilidad!

Una Mirada a la Situación Actual

¿Por qué hay tantos padres que abandonan? La mayoría de las parejas, cuando dado el privilegio de ser padres, entienden su papel como proveedor y cuidador principal de sus hijos. Sin embargo, no se trata de solamente ser un padre. No solamente están los padres dados la responsabilidad de cuidar a sus hijos físicamente, sino que Dios también les da la oportunidad de ser cuidadores espirituales. Desafortunadamente, demasiados padres tiemblan con la idea de hacer el papel principal del líder espiritual. Algunos dirán que la iglesia, el pastor, y el ministerio de jóvenes son responsables por discipular, enseñar y entrenar a sus hijos acerca de Dios. Otros darían su responsabilidad a las escuelas Cristianas, organizaciones civiles, dirigentes, miembros de la familia, clubes o una combinación de estas cosas para encargarse. Mientras muchos de estos grupos y organizaciones pueden ser de beneficio en el curso de la vida de un hijo, Dios considera que son secundarios a los padres.

En los últimos años, les he preguntado a unos padres acerca de sus esfuerzos en discipular a sus hijos, y he recibido muchas respuestas diferentes. Una de las preguntas que les he preguntado es, "¿Quién es el hacedor primario de discípulos en la vida de tus hijos?" Los padres o no saben cómo contestar, cambian el tema, o comienzan a darme razones por las cuales no están haciéndolo bien. He encontrado que muchos padres realmente saben que discipular es su responsabilidad. Sin embargo, los padres no están cómodos con el trabajo y tratan de dar excusas acerca de su falta de participación en discipular a sus hijos. Aquí hay varias respuestas:

- "! No tengo ninguna influencia en ellos! Otra gente tiene más impacto que yo!"
- "! Estoy muy ocupado; No tengo tiempo!"
- "No tengo ni idea como discipular a mi hijo, más porque nunca fui discipulado yo."
- "Estoy criando a mis hijos solo. !No tengo a más nadie! Soy yo solo."
- "No tengo certificado del seminario. No podría contestar todas sus preguntas."
- "Tú eres el profesional a quien pagan! eso es tu trabajo!"
- "Mi esposo no me ayuda. No demuestran interés ni ven una necesidad en discipular a nuestros hijos."

Desafortunadamente, estas fueron respuestas reales hechos por padres cuando confrontados con la idea de discipular a sus hijos. Los padres están enfrentados con la tensión constante del hogar, trabajo y estar involucrados en la comunidad. Las responsabilidades de ser padre dan estrés, cansan, y a menudo sin agradecimiento. Para algunos, tiempo para la familia es una comodidad preciosa. Los padres están enfrentados con las presiones constantes de mantener a los jefes felices, horarios sin fin de actividades en la comunidad, y expectativas fuertes de la sociedad. Muchas familias tienen más estrés porque uno de los padres tiene poco o nada de involucramiento cuando se trata de discipular a sus hijos. Desafortunadamente, las familias combinadas o rotas también tienen un gran desafío en el proceso de hacer discípulos. Encima de eso, muchos padres se sienten incapaces de discipular a alguien debido a la falta de su propio desarrollo espiritual. Como resultado, los padres se encuentran frustrados y dependientes de los líderes en la iglesia u otros, para meter mano y convertirse en los hacedores de discípulos de sus propios hijos. ! En otras palabras, muchas familias no están saludables porque los padres no están envueltos en hacer discípulos!

Antes de cerrar y botar este libro en el zafacón, relájate y déjame decir una cosa más. Este libro solamente es para exhortarte. Habrá unas ideas y temas en los próximos 24 días que te retarán y desafiarán. Sin embargo, te prometo que no es mi intención humillarte o hacerte sentir que no eres buen padre. Nunca jamás. Este libro está escrito con un propósito de ayudarte a confrontar los asuntos del discipulado del padre y usar la Biblia para entrenar a tus hijos en el camino que deben ir. No importa si estás discipulando a tu hijo como un padre soltero o como pareja; este libro te ayudará. Entonces aguántate, y vamos a comenzar.

Dios Tiene la Respuesta

¿Qué tiene que decir Dios acerca de esta situación? De acuerdo a la Biblia, Dios quiere que nuestras familias estén saludables. Él nos ha dado su Palabra para hacer eso una realidad. Dios considera que los padres son los primarios hacedores de discípulos en las vidas de nuestros hijos. ! Tú eres segundo a nadie! Dios creó la familia para ser el núcleo e incubadora del crecimiento espiritual de un niño. Por la guía del Espíritu Santo, Dios ha dado a los padres la responsabilidad de crear un ambiente bueno para sus hijos convertirse en seguidores de Cristo.

En un pasaje que se encuentra en Deuteronomio 6, Moisés está dando su prédica de despedida a los hijos de Israel. Él los habla antes de que los Israelitas cruzaran el Río Jordán y entraran a la Tierra Prometida. En este pasaje Moisés está dando unos mandamientos específicos de Dios para asegurar una vida larga y próspera en la nueva tierra. Moisés dice:

Éstos son los mandamientos, preceptos y normas que el Señor tu Dios mandó que yo te enseñara, para que los pongas en práctica en la tierra de la que vas a tomar posesión, para que durante toda tu vida tú y tus hijos y tus nietos honren al Señor tu Dios cumpliendo todos los preceptos y mandamientos que te doy, y para que disfrutes de larga vida. Escucha, Israel, y esfuérzate en obedecer. Así te irá bien y serás un pueblo muy numeroso en la tierra donde abundan la leche y la miel, tal como te lo prometió el Señor, el Dios de tus antepasados. Escucha, Israel: El Señor nuestro Dios es el único Señor. Ama al Señor tu Dios con todo tu corazón y con toda tu alma y con todas tus fuerzas. Grábate en el corazón estas palabras que hoy te mando. Incúlcaselas continuamente a tus hijos. Háblales de ellas cuando estés en tu casa y cuando vayas por el camino, cuando te acuestes y cuando te levantes. Átalas a tus manos como un signo; llévalas en tu frente como una marca; escríbelas en los postes de tu casa y en los portones de tus ciudades.
(Deut. 6:1-9)

Como puedes ver, Dios claramente da la responsabilidad primaria a los padres de discipular a sus hijos. En versículo siete Dios enfáticamente dijo, "Incúlcaselas continuamente a tus hijos." (Deut. 6:7a). Dios estaba dirigiendo esta oración directamente al padre y madre. Nota como Dios claramente pone a los padres arriba en el proceso de discipular. El Señor ha puesto a los padres en esta posición con un propósito porque la investigación demuestra que tienen la mayor influencia en la vida de un niño...más acerca de esto más tarde.

Déjame preguntar, ¿Cuán a menudo te tienes que repetir para que entiendan tu punto? En Deuteronomio 11 Dios hace lo mismo. En este pasaje, Moisés reitera estas ideas de Deuteronomio 6 para enfatizar la importancia de este punto. Moisés dice:

Grábense estas palabras en el corazón y en la mente; átenlas en sus manos como un signo, y llévenlas en su frente como una marca. Enséñenselas a sus hijos y repítanselas cuando estén en su casa y cuando anden por el camino, cuando se acuesten y cuando se levanten; escríbanlas en los

postes de su casa y en los portones de sus ciudades. Así, mientras existan los cielos sobre la tierra, ustedes y sus descendientes prolongarán su vida sobre la tierra que el Señor juró a los antepasados de ustedes que les daría.
(Deut. 11:18-21)

Nota que la Biblia dice, "Enséñenselas a sus hijos" (Deut. 11:19a). Dios usa a Moisés para reiterar su deseo para los padres lidiar con el desarrollo del discipulado de cada niño en su hogar.

Tal vez hacer discípulos parece un poco abrumador para ti. Quizás no te sientes cualificado para esta responsabilidad. Puede ser que no sabes dónde vas a encontrar el tiempo. O tal vez eres el único padre en la vida de tu hijo. Resulta que no estás ni seguro que deberías ni intentarlo. No dejes, me repito, no dejes que ninguno de estos pensamientos te intimiden. Al revés (Al contrario), mantente firme en esta verdad muy importante. Dios nunca te pedirá hacer algo que Él no te supliría adecuadamente con todos los recursos necesarios para cumplir con este trabajo. Toma, por ejemplo, a María, la madre terrenal de Jesús. En un momento dado en su vida como adolescente, se encontró embarazada y a punto de divorciarse. Mi pensar es que María se sintió un poco abrumada durante este tiempo también. Sin embargo, el Señor se encargó de cada necesidad y la utilizó para traer a Jesús al planeta (a la tierra) y salvación al mundo (para salvar al mundo). Acuérdate de las palabras que Gabriel usó para consolar a María después de anunciar que dará a luz al Hijo de Dios. El ángel dijo, "Eso demuestra que para Dios todo es posible." (Lc. 1:37 TLA).

Aplicaciones en el Hogar

Piensa en los últimos días de la última predica, estudio Bíblico, canción Cristiana, concierto, etc...Que tú y tu hijo escucharon juntos. Pregúntale cosas acerca de lo que se acuerdan del evento. Mira a ver si ellos te pueden contar algo acerca de la Escritura utilizado, puntos hechos, ilustraciones dadas, o el contexto básico durante la experiencia. No hay necesidad de darle nota por este ejercicio; solamente observa cuan perceptible estaba y cuan detallada es su descripción. El objetivo de esta prueba es ver cuán atento están en las cosas espirituales y a que profundidad tu hijo se dedica. Si implementas esta idea regularmente, tú y tu hijo podrán procesar las verdades Bíblicas con más detalles y mejorar tus conversaciones grandemente.

Día 2

Pueblo mío, atiende a mi *enseñanza; presta oído a las palabras de mi boca. Mis labios pronunciarán parábolas y evocarán misterios de antaño, cosas que hemos oído y conocido, y que nuestros padres nos han contado. No las esconderemos de sus descendientes; hablaremos a la generación venidera del poder del Señor, de sus proezas, y de las maravillas que ha realizado. Él promulgó un decreto para Jacob, dictó una *ley para Israel; ordenó a nuestros antepasados enseñarlos a sus descendientes, para que los conocieran las generaciones venideras y los hijos que habrían de nacer, que a su vez los enseñarían a sus hijos. Así ellos pondrían su confianza en Dios y no se olvidarían de sus proezas, sino que cumplirían sus mandamientos. (Sal. 78:1-7)

"Pastor y teólogo Jonathan Edwards tuvo una vida y legado transcendental. En 1900 A. E. Winship documentó y hizo una lista de solamente un poco de los éxitos asociados con los 1,400 descendientes de Edwards. Él notó:

> *100 abogados y un presidente de una escuela de ley*
> *80 políticos*
> *66 doctores y un presidente de una escuela de medicina*
> *65 profesores de colegios y universidades*
> *30 jueces*
> *13 presidentes de universidades*
> *3 alcaldes de ciudades metropolitanas*
> *3 gobernadores de estados*
> *3 senadores de los Estados Unidos*
> *1 controlador del Tesorero de los Estados Unidos*
> *1 vicepresidente de los Estados Unidos*

¿Qué tipo de legado dejarás tú y tu pareja? ¿Durará? ¿Será eterna o imperecedero? ¿O solamente dejarás cosas tangibles - edificios, dinero y/o posesiones?"
—Dennis and Bárbara Rainey

¿Es la frase, "como padre, como hijo" realmente verdadero?

Hace muchos, muchos años en 1967...Yo sé que no te acuerdas...fue la ley que las estaciones de televisión tuvieron que correr un anuncio de no fumar por cada tres asunciones de fumar. Uno de los anuncios de no fumar comienza con un padre pintando su casa en una escalera que está acostada en su casa. Mientras el equipo de padre e hijo trabajen juntos en el proyecto, un anunciador dice, "Como padre, como hijo." La próxima escena enseña al padre e hijo guiando en la carretera en su Ford Mustang convertible, el padre detrás del guía y el hijo seguramente al lado de él en el asiento protector personalizado, completo con su propia guía. Mientras se acercan a la intersección, el padre saca su brazo de la ventana para señalar a los otros guiando que va a doblar a la izquierda. Sin hesitación, (vacilación) el hijo rápido copia la señal de su papá y hace el mismo gesto fuera de su ventana. Próximamente vemos a la pareja de padre e hijo lavando al Mustang. En el fondo, el papá tiene una toallita en una mano y una manguera en la otra. El papá está lavando y enjuagando la parte de afrente del carro en el lado del conductor. En el primer plano el hijo está doblado al lado de la goma del lado pasajero. Así como su papá, el hijo está trabajando fuertemente en la goma con su esponja para lavar y una pistola de agua para enjuagar. Como a los hombres les gusta trabajar juntos, el niño, jugando, se levanta de su posición y de sorpresa dispara al papá con su pistolita de agua. Mientras continúe el anuncio, el papá e hijo están juntos caminando en el vecindario. El papá ve a una piedra, se dobla, recoge la piedra, y la tira hacia un bosque. Así como el papá, el hijo también encuentra una piedra y la tira hacia el bosque. La escena final del anuncio tiene al papá e hijo cansados y sentados al lado de un árbol descansando de un día agotador de tantas actividades. El papá busca en el bolsillo de su camisa y saca un paquete de cigarrillos. Saca un cigarrillo, pone el paquete al lado del hijo, pone al cigarrillo entre los labios, prende un fósforo y lo prende mientras el hijo silenciosamente se sienta al lado del él observando cada movimiento. Como esperado, el hijo mira al paquete de cigarrillos, lo recoge, y curiosamente mira por dentro del paquete como si estuviera imitando lo que vio al padre hacer. Mientras el niño examina al paquete de cigarrillos, esta vez el anunciador pregunta algo, "¿Cómo padre, como hijo?! Piénsalo!"

Te guste o no, lo creas o no, este anuncio de 1960 es increíblemente real de acuerdo a la naturaleza de los niños a imitar. Es asombroso cuanta influencia los padres tienen sobre sus hijos. Este anuncia enseña la verdad de que los niños pueden e imitarán las cosas que ven y escuchan, especialmente cuando lo hacen sus padres. Ahora mi pregunta simplemente es: ¿Qué escuchan y ven tus hijos de ti que imitan? Probablemente es más de lo que piensas.

Dilema del Poder de la Influencia

Desafortunadamente, aquí está el problema. Muchos padres hoy en día piensan que tienen poca o ninguna influencia sobre sus hijos. Ellos creen que la verdad del anuncio de 1906 no es relevante o que es anticuado. Cuando se los pregunta, los padres dicen que amigos, líderes de iglesia, media, y los dirigentes tienen más aportación en las vidas de sus hijos que ellos. De acuerdo a la variedad de estudios y encuestas, los padres están muy equivocados. Los padres, en toda realidad, son la gente con más influencia en la vida de un niño. La idea de que un niño nunca quiere la aportación de sus padres no es verdad sin estar en cuenta de la edad del niño. ¿Cómo sé esto?

Wayne Rice y David Veerman dicen, "Un estudio extensivo de 272,400 adolescentes conducido por la revista de USA Today Weekend encontró que 70 por ciento de adolescentes identificaron a sus padres como las influencias más importantes de sus vidas. 21 por ciento dijeron lo mismo de sus amigos, y solamente ocho por ciento dijeron que es la media."1 Es sorprendente ver la laguna entre el porcentaje de la influencia de los padres y el porcentaje de la influencia de los amigos. Con una ventaja de 49 puntos de porcentaje, el estudio indica que los padres son la gente más prominente en la vida de un adolescente. Irónicamente, una página del Internet de la Coors Brewing Company (Compañía de Cerveza) también añade, "Casi tres de cuatro padres creen que los amigos y compañeros de escuela de sus hijos tienen la mayor influencia… Pero al contrario de lo que piensan los padres, los niños dicen que Mamá y Papá tienen el impacto más grande de las decisiones que toman."2 Esta información abre nuestros ojos. No es casualidad que las compañías de cerveza eligen a los adultos tan conmovedoramente con sus anuncios y promociones. Están extremadamente reconocen el impacto que tienen un padre y una madre sobre sus hijos. La media sabe que si pueden entretener y tentar a los adultos con sus anuncios, sus hijos probablemente seguirán el mismo camino. ¿Está la frase "Como padre, como hijo" sonando en tus oídos ya?

En este momento puede ser que sientes que hay un rayo de esperanza con tus hijos menores, pero que tus hijos mayores están completamente fuera de tu alcance. Tú piensas que tu influencia con tus adolescentes es minúscula o no existente. Permíteme decir una vez más, eso también está equivocado. En su libro, The Myth of Adolescence (El Mito de la Adolescencia), David Alan Black dijo, "Relaciones seguras en el hogar son el recurso primario de relaciones significativas de adultos. Las investigaciones revelan que la influencia más fuerte en la vida de un adolescente es sus padres. La influencia de padres baja mientras la influencia de amigos sube cada año por el grade noveno, pero la influencia de amigos nunca sobrepasa la influencia de padres."3

No hay ni que decir que mientras tú y tus hijos envejecen, tu relación cambia. Mientras pasan los años, ellos maduran y se ponen más y más independientes. No tengas miedo de esta transición. Haz los ajustes necesarios. Esté dispuesto hacer lo necesario para mantener una relación segura de calidad con ellos para que puedas seguir siendo una influencia positiva en sus vidas. Mientras se enfrentan las cosas difíciles de la vida y grandes decisiones tu sabiduría será sin precio. Por favor, no pienses que estoy sugiriendo que hagas una componenda o que apoyes su locura. Eso no es el caso. Sin embargo, la realidad es que los días de pañales y vasitos de bebé son cosas del pasado y mantener tu influencia es crítica.

En Efesios 6:4a la Biblia dice, "no [exasperen] a sus hijos." "Exasperar" significa molestar intensivamente o enojar. En este versículo, "exasperar" es una palabra fundamental con una montaña de significado cuando se trata de tus hijos mayores. Como los niños son diferentes, un padre sabio necesita saber cómo relacionarse con cada uno de sus hijos individualmente. Aprende que hunde sus botones. Conoce cuando hablar y cuando callarte. En otras palabras, escoge tus batallas. Tratar de pelear cada batalla puede fácilmente "exasperar" los. También, los padres nunca deben utilizar su posición para forzar sus deseos sobre sus hijos. Solo porque eres el padre no significa que siempre las cosas deben ser como tú quieres. Eso no es la meta. Pero posiblemente el arma más grande que usan los padres necios que "exasperan" sus hijos es la culpa. Decir cosas como, "¿Por qué no llamas más a menudo" o "Siempre estás demasiado ocupado para compartir conmigo" solamente produce una reacción basada en frustración. Cuando se utiliza la culpa, tiene el potencial de fracturar o hasta cortar la relación de padre e hijo.

Por lo tanto, permíteme darte una palabra de advertencia. Mientras crecen tus hijos, la falta de hacer transiciones o ajustes en tu relación puede ser un gran riesgo. Tu negación de desarrollar y mantener una relación de calidad puede resultar en que tus hijos te saquen gradualmente de sus vidas. Si esto ocurre, tu influencia realmente será minúscula o no existente.

Lo Más Importante

Es evidente que los niños y adolescentes prestan mucha atención en las acciones de sus padres: buenas y malas. ! La influencia de los padres es ponderosa! Los estudios han demostrado que la influencia de Papá y Mamá alcanza muchas áreas cuando se trata del tema de la religión. Un estudio revelado por Ken Hemphill y Richard Ross en su libro, Parenting with Kingdom Purpose (Siendo Padre con un Propósito del Reino), indica, "La evidencia claramente demuestra que la influencia social más importante sobre las vidas religiosas y espirituales de los adolescentes es sus padres. Los abuelos y otros familiares, mentores, y líderes de jóvenes también pueden ser de gran influencia. Pero normalmente los padres son más importantes en formar las vidas religiosas y espirituales de sus hijos."4 Siguen diciendo, "Los niños y adolescentes necesitan padres y otros adultos en sus vidas que tienen una relación genuina y apasionada con Jesucristo."5 Reggie Joiner y Carey Nieuwhof dicen sin miedo, "Nadie tiene más potencial de influenciar tu hijo que tú...Tu influencia como padre será permanente."6 Christian Smith, un investigador famoso de la cultura de jóvenes, dijo en su libro, Soul Searching (Búsqueda del Alma), "Al contrario de los estereotipos populares, equivocados, culturales y frecuentes errores de percepción parental, creemos que la evidencia claramente muestra que la influencia social más importante en las vidas religiosas y espirituales de los adolescentes es sus padres...Este reconocimiento puede ser empowering y/o alarmante para los padres."7 Tu influencia es sin negación cuando se trata de la fe de tu hijo en Cristo. !La evidencia es abrumador! Tú tienes la habilidad de dirigir a tus hijos con una autoridad increíble. Permíteme hacerte una pregunta personal. ¿Qué están escuchando y viendo en ti los niños de tu vida, especialmente en tu relación con Jesucristo?

Influencia Ahora para el Futuro

No quiero ser redundante, ni quiero seguir repitiendo lo mismo; sin embargo, necesito ir un poco más allá. ¿Te das cuenta que el futuro espiritual de tu bebé, niño o adolescente está básicamente a riesgo? Las cosas que ven y escuchan de ti mientras están creciendo puede y va a afectar sus creencias espirituales en el futuro. Bob Altemeyer, un profesor asociado en el

Departamento de Sicología en la Universidad de Manitoba, y Bruce Hunsberger, un profesor de sicología en la Universidad de Wilfred Laurier, recontaron sus historias de 46 estudiantes de primer año universitario en su libro, Amazing Conversations (Conversaciones Asombrosas). Estos nuevos universitarios dicen, "Nosotros adquirimos nuestra religión de nuestros padres casi tan cierto como heredamos el color de nuestros ojos."8 Altemeyer y Hunsberger siguen diciendo, "Tú puedes hacer una buena predicción de que si un universitario, criado como Cristiano, aceptará o no aceptará al Cristianismo si sabes cuánto la religión de la familia fue enfatizada en su crianza."9 ¿Es alarmante, verdad?

Por lo tanto, permíteme hacerte unas preguntas personales acerca de tus hijos quienes eventualmente se irán de tu casa y comenzarán una nueva vida solos. ¿Quieres que tengan:

- *Una salvación basada en la fe de Jesucristo – Efesios 2:8-9?*
- *Una relación verdadera de amor con el Padre – Salmo 27:4?*
- *Una muestra del fruto del Espíritu Santo en sus vidas – Gálatas 5:22-23?*
- *Una dedicación genuina a sus familias, especialmente sus esposos – Efesios 5:22, 25?*
- *Un corazón de invertir su tiempo y dinero en la iglesia local – Hebreos 10:25?*
- *Una visión para ver a los perdidos convertirse – Mateo 28:19-20 & Hechos 1:8?*

Entonces adivina quién va a ser la persona primaria para demostrar estas verdades a tu hijo. Lo adivinaste: !Te tengo! !Te toca a ti! Tus hijos te necesitan, y ten por seguro, Dios va a suplir.

Hay poca duda de que Dios te haya dado este trabajo ominoso de discipular a tus hijos a ti sin reservación, y con buena razón. Tú eres la persona con más influencia en las vidas de tus hijos, especialmente cuando se trata de la fe. No hay nadie que puede ser más cualificado que tú para este trabajo. Alan Melton y Paul Dean dicen, "Hay muchas razones por las cuales nadie puede discipular a tus hijos mejor que tú. Primero que nada, no hay nadie que tiene la disponibilidad para discipular a tus hijos que tú...Nadie más ama a tus hijos como tú...Nadie naturalmente conoce a tus hijos más a tú o tu esposo...Nadie más fue ordenado por Dios para discipular a tus hijos."10 De acuerdo a todas las indicaciones, tú tienes la mayor influencia, el mejor interés, y tú eres más responsable; por lo tanto, no hay nadie mejor para este trabajo que tú. ¿Estás listo para el desafío?

Aplicaciones en el Hogar

Mientras pasen los próximos días, observa en secreto unas cosas específicas acerca de tus hijos. Míralos mientras jueguen y interactúen con otros. Presta mucha atención a sus manierismos, como se paran, como caminan. Escucha las palabras que dicen. Estudia como usan frases y pronuncian las palabras. Después que haya tenido una oportunidad de tomar unas notas, mira a tus hallazgos y considera esta pregunta. ¿Qué características ves en cada uno de tus hijos que son más como tú? Próximo, toma la misma lista y mira a ver si hay algunos parecidos al otro padre. Estos parecidos no son casualidades cuando consideres el poder de tu influencia.

Día 3

Grábense estas palabras en el corazón y en la mente; átenlas en sus manos como un signo, y llévenlas en su frente como una marca. Enséñenselas a sus hijos y repítanselas cuando estén en su casa y cuando anden por el camino, cuando se acuesten y cuando se levanten; escríbanlas en los postes de su casa y en los portones de sus ciudades. Así, mientras existan los cielos sobre la tierra, ustedes y sus descendientes prolongarán su vida sobre la tierra que el Señor juró a los antepasados de ustedes que les daría. Si ustedes obedecen todos estos mandamientos que les doy, y aman al Señor su Dios, y siguen por todos sus caminos y le son fieles...
(Deut. 11:18-22)

"No digas que no tienes suficiente tiempo. Tú tienes exactamente la misma cantidad de horas por día que se le dieron a Helen Keller, Pasteur, Michael angelo, Madre Teresa, Leonardo da Vinci, Thomas Jefferson, y Albert Einstein."
— H. Jackson Brown

"Día, n. Un periodo de veinticuatro horas, mayormente mal gastadas."
— Ambrose Bierce

"Los días de una persona están determinadas; Tú has decretado el número de sus meses y has puesto límites que no puede exceder."
— Job

¿El tiempo está en tu lado?

USA Today (un periódico) hizo una investigación acerca de cómo la gente utiliza su tiempo. El periódico comisionó a un equipo de investigadores a descubrir que dice la persona promedia que hace en un día dado. El grupo determinó que una persona típica quiere tener tiempo para dormir, comer, hacer tareas en la casa, edificación espiritual, trabajar, conmutar, higiene, entretenimiento y ejercicio. Como resultado, el grupo determinó que la persona promedia necesita 42 horas en el día: esto traduce a 1,440 minutos por día, que sale en 86,400 segundos por día. No importa como lo divides, nunca hay suficiente tiempo; ni habrá suficiente tiempo para hacer lo que quieres hacer. Por otra parte, siempre hay suficiente tiempo para hacer las cosas que tenemos que hacer. ¿Cómo lo sé? Vamos a mirar a la vida de Jesús.

Jesús fue dado solamente tres años cortos para cambiar al mundo. Dios envió a su Hijo a la tierra para escoger y entrenar a doce hombres, redirigir el pensamiento religioso de la ley hacia la gracia, demostrar al mundo a través de sus enseñanzas y ministerio de sanidad que Él es verdaderamente el Hijo de Dios, ir a la cruz, morir, ir a la tumba, resucitar de la tumba, y regresar al cielo. Jesús tal vez no hubiera tenido suficiente tiempo para hacer las cosas que quería hacer. Sin embargo, Jesús tuvo más que suficiente tiempo para hacer lo que necesitaba hacer. Por eso Jesús dijo al Padre justo antes que fue a la cruz, "Yo te he glorificado en la tierra, y he llevado a cabo la obra que me encomendaste." (Jn. 17:4). Así como hizo Jesús, tal vez no vamos a poder cumplir con todas las cosas que queremos hacer antes de morir. Es muy probable que algunas cosas se queden sin tachar en tu lista de cosas que hacer antes de que mueras cuando te vas de este mundo. Sin embargo, así como Él lo hizo para Jesús, Dios nos dará más que suficiente tiempo para hacer las cosas que Él necesita que hagamos. Con esto dicho, como padre, permíteme preguntarte algo. ¿Qué piensas que Dios necesita que hagas? En otras palabras, ¿Cuál es la misión primaria que te ha dado para cumplir como padre? La respuesta es sencilla…discipular a tus hijos.

La Misión Primaria de Dios Para los Padres

Yo sé que como padres están ocupados. Tienes que bregar con el trabajo, hogar, iglesia, eventos escolares, actividades sociales, y familia para mencionar pocos. Resulta que el tiempo se convierte en una comodidad preciosa. Con todas las responsabilidades, compromisos, y exigencias de la vida, discipular a tus hijos puede ser un desafío increíble. ! Tengo buenas noticias! La Palabra de Dios está llena de dirección. La Escritura muestra a los padres como pueden hacer discípulos de sus hijos naturalmente. Dentro de los libros del Antiguo Testamento de Deuteronomio y Proverbios, la Biblia da todo lo que necesitan saber los padres acerca de cómo honrar a Dios como uno que hace discípulos. Vamos a mirar.

En el libro de Deuteronomio, Moisés dio su última predica a los hijos de Israel. Justo antes de que los Israelitas cruzaran el Río Jordán y entraron a la Tierra Prometida, Moisés les dio unos mandatos específicos de parte de Dios para asegurar una vida larga y prospera en una nueva tierra. Moisés dijo,

Escucha, Israel: El Señor nuestro Dios es el único Señor. Ama al Señor tu Dios con todo tu corazón y con toda tu alma y con todas tus fuerzas. Grábate en el corazón estas palabras que hoy te mando. Incúlcaselas continuamente a tus hijos. Háblales de ellas cuando estés en tu casa y cuando vayas por el camino, cuando te acuestes y cuando te levantes. Átalas a tus manos como un signo; llévalas en tu frente como una marca; escríbelas en los postes de tu casa y en los *portones de tus ciudades. (Deut. 6:4-9)

Dios, a través de Moisés, claramente da la responsabilidad primaria de discipular a los padres Dios lo hizo porque Él supo de los peligros que esperaba a los Israelitas justo en el otro lado del río. La gente Cananita adoraban a ídolos. Un ídolo, Moloc, fue el dios de la pureza. Los Cananitas creyeron que para satisfacer a Moloc tuvieron que sacrificar a sus hijos a él. De acuerdo a Proverbios, 6:17b, el Señor odia "las manos que derraman sangre inocente." Hubieron consecuencias graves asociadas con la adoración de un ídolo. La Biblia dice, "Todo israelita o extranjero residente en Israel que entregue a uno de sus hijos para quemarlo como sacrificio a Moloc, será condenado a muerte. Los miembros de la comunidad lo matarán a pedradas." (Lev. 20:2). Obviamente Dios es serio acerca de sus mandatos.

Por lo tanto, en la predica de Moisés, el Señor revela su diseño para la familia. Primero, la frase "Ama al Señor tu Dios con todo tu corazón y con toda tu alma y con todas tus fuerzas." (Deut. 6:5) tiene un punto en específico. Dios quería que su gente lo amara con todo su ser sin detenerse. Dios ordena que El sea el único, verdadero Dios en sus vidas. Segundo, la frase "Grábate en el corazón" (Deut. 6:6) tienen un propósito directo. Dios quería que los siguientes mandatos fueran arraigados y asegurados en su corazón primero. Sus mandatos no eran para solamente pensarlos. Al contrario, Dios deseó que su Palabra fuera primero en sus pensamientos, actitudes, habla, y acciones. Tercero, la frase "Incúlcaselas continuamente a tus hijos." (Deut. 6:7a) tiene varias implicaciones. El Señor dirigió sus mandatos a los padres de los 'niños.' En otras palabras, Dios dirigió esta declaración directamente a ti y a mí. Dios claramente implica que los padres están en la parte superior del proceso de discipular. Dios ordenó a los padres amarlo a Él con todo su ser y transferir ese amor a sus hijos. Las instrucciones de Dios eran sencillas y específicas. Él los dirigió hablar acerca de sus mandatos cuando se sientan juntos, caminan juntos, se acuestan, y cuando se levantan por la mañana. En otras palabras, mientras los padres comparten con sus hijos, deben intencionalmente hacer a Dios una parte natural de la conversación. Dios no está sugiriendo que los padres apresuren una conversación espiritual. En realidad, Dios espera que los padres lo amen tanto a Él que su amor para Él se convierta en una expresión normal de sus vidas. Los creyentes deben estar tan enfocados y llenos con amor para el Señor que se derrama sobre cada aspecto de sus vidas. Para genuinamente amar al Señor con todo su corazón, alma y fuerza requería que los padres tengan una filosofía similar a la de Josué 1:8 (J1.8). Josué dijo, "Recita siempre el libro de la ley y medita en él de día y de noche; cumple con cuidado todo lo que en él está escrito. Así prosperarás y tendrás éxito." (Josué 1:8). Cuando los padres practiquen amando al Señor con todos sus corazones, almas y fuerza, constantemente hablan de Dios, piensan en Dios, y cuidadosamente obedecen a Dios. ¿Esto te describe a ti? Si tu respuesta es no, eso puede cambiar. Con Dios, nunca es tarde. ¿Si eso no te describe a ti, estás listo para ir más profundo?

Permíteme preguntarte otra vez: ¿Cuán a menudo tienes que repetir lo que dices para que tus hijos te respondan? Considera un característico de Dios. Como mencionado en la lectura de Día 1, no es casualidad que Moisés repita casi las mismas palabras más tarde en su prédica a los Israelitas solamente cinco capítulos más tarde. En Deuteronomio 11, el Señor sabía que la gente iban a necesitar escuchar sus mandatos una segunda vez para dejarles saber la importancia de sus deseos. Entonces, ¿Cuál es el punto? Tenemos que ver la importancia del mandato de Dios. Es crítico que amemos a Dios con cada fibra de nuestro ser y permitirlo a Él consumir cada aspecto de nuestras vidas.

La Biblia no se detiene ahí. Este mismo sentimiento está aplicado en el libro de Proverbios. En capítulo 22, Salomón dio instrucciones explícitas para padres en un verso corto cuando él dijo, "Instruye al niño en el camino correcto, y aun en su vejez no lo abandonará." (Prov. 22:6 RVA). Salomón, conocido como el hombre más sabio que ha vivido, estaba dando consejo piadoso a los padres con un punto de vista de un padre.

En su libro, Hopeful Parenting: Encouragement for Raising Kids Who Love God (Padres Esperanzados: Exhortación Para Criar a Niños que Aman a Dios), David Jeremías hizo esta pregunta, "¿Qué significa criar (entrenar)?"?11 Él dio una respuesta increíble para contestar esa pregunta:

Se ve este término en el Antiguo Testamento solamente tres veces más, en cada instancia para explicar la idea de la dedicación: una vez para describir la dedicación de la casa de Salomón, dos veces para demostrar la idea de dedicar el templo. La palabra originalmente asociada con el paladar de la boca. Una partera árabe ponía crushed dates en el paladar de la boca de un bebé para estimular la acción instintiva de chupar, para que el niño podía estar alimentado. Mientras pasaba el tiempo, el concepto de criar (entrenar) cambió a "crear una sed o hambre dentro de un niño para las cosas santas de la vida." A veces le hemos dado un sabor militar al concepto. "Ponte en condición!" "Te estoy criando, muchacho!" Pero no es así para nada. Esto no es entrenamiento militar; tiene que ver con crear dentro de un niño una sed y hambre para las cosas de Dios.12

La palabra "entrenar" obviamente tiene la idea de intencionalidad y determinación. Dios les da la responsabilidad a los padres de producir en las vidas de sus hijos un hambre y sed para el Señor. En otras palabras, los padres deben reproducir una copia mejorada de ellos mismos. Al final de versículo 6, Dios da una vislumbre a los padres dentro del futuro de cada niño cuando Él dice, "aun en su vejez no lo abandonará" (Prov. 22:6b RVA). Aunque no hay garantías, estas palabras ayudan a motivar, dar una esperanza, y exhortar a los padres en los tiempos buenos y difíciles de la crianza de sus hijos. En su libro Already Gone (Ya Se Fueron), Ken Ham añade este comentario acerca de Proverbios 22:6, "Que recordatorio de enseñar a los niños desde que nazcan – y un recordatorio de ser diligente en proveer el tipo correcto de entrenamiento/currícula, etc., para los niños."13

Como Cumplir con la Misión

La Navidad pasada, un amigo mío compró un iPod Touch a cada uno de sus hijos. Eso no fue algo tan grande excepto que sus hijos tenían nueve y diez años. Tal vez soy fuera de moda, pero me sorprendí un poco que él les hubiera regalado algo así a sus hijos menores. No me sorprendí porque eran juguetes caros y alto en tecnología, sino que estas cosas pequeñas tienen una habilidad tremenda para accesar materiales X si no hay supervisión.

El día de Navidad sus dos hijos estaban muy emocionados al recibir sus iPods. Yo les enseñé unas cosas básicas para usarlos, y estaban asombrados. Más tarde ese día pregunté a la mamá como planificaba monitorear lo que bajaba sus hijos en sus iPods desde la tienda de itunes (una tienda por Internet para comprar juegos, música, etc.). Me di cuenta que estaba hablando un idioma nuevo para ella porque no tenía ni idea de que yo hablaba. La mamá estaba un poco confundida y me preguntó de qué estaba hablando. Cogí uno de los iPods y le demostré a ella cuan fácil es bajar y ver cosas que se llaman "material para adultos" en este dispositivo pequeño. Entonces, de mi sorpresa, la mamá me miró y dijo, "Yo no tengo tiempo para preocuparme por eso!"

Con la prisa de la vida de hoy en día, se les hace difícil a los padres distinguir entre lo que quieren hacer y lo que necesitan hacer. ¿Cómo los padres pueden en la sociedad de hoy cumplir con el mandato bíblico de discipular a sus hijos? Hay un ingrediente clave necesitas considerar. Si te retas implementar este elemento crucial, tal vez descubrirías que tienes más tiempo para hacer las cosas que Dios necesita que hagas como padre. Tienes que reestructurar tu vocabulario.

La sugerencia tal vez requeriría mucho esfuerzo. Reestructura tu vocabulario es difícil hacer cuando no tienes mucha práctica. Los padres necesitan el tiempo para intencionalmente discipular. Para cumplir con esto requiere implementar una declaración de una sílaba y dos letras en su arsenal de lenguaje. La palabra es No! Aprende a decirlo. Tal vez tendrás que reprogramarte, pero se puede hacer. Decir que no es muy difícil para muchas personas, pero te proveerá con el tiempo que necesitas para invertir en tus hijos. Necesitas ser selectivo con su tiempo fuera del hogar para proteger el tiempo necesario para que la familia pueda naturalmente juntarse. En otras palabras, necesitas decir que no al apuro para poder organizar el tiempo que tienen como familia. Esto no significa que tienes que decir que no a todo; no significa eso para nada. Sin embargo, necesitas decir que no a cualquier cosa que no te permite ser obediente al Señor. Puede significar decir que no a algunas cosas que quieres en tu vida para poder tener tiempo para las cosas que necesitas. Puede significar decir que no a algunas cosas que quieren tus hijos para poder tener más tiempo para una necesidad mayor.

En su libro, Margin (Margen), Richard Swenson dio esta ilustración. El dijo, "Cuando Steve Jobs tomó el cargo de Apple Computer (una compañía de computadoras) por la segunda vez en 1998, él predicó que la compañía necesitaba un plan de organización para redescubrir el énfasis primario. 'Enfocarte no significa decir que sí,' explicó Jobs, 'significa decir que no.' Sus palabras hablan a muchas de nuestras vidas también."14 Cuando los padres aprenden a estratégicamente decir que no, podrán hablar acerca de Dios más, pensar en Dios más, y obedecer a Dios más. Este es el primer paso crucial para encontrar el tiempo muy necesitado que te ha hecho falta.

Los requisitos de Dios son sencillos; sin embargo, tal vez se requerirá una reestructuración. Una vez más, implementar la palabra no en tu vocabulario no significa decir que no a todo. Sin embargo, sí significa decir que no a cualquier cosa que sea obstáculo en cumplir con tu responsabilidad. Una palabra de precaución: debes hacer estos cambios lentamente. No asustes a tu familia diciendo que no a todo y hacer cambios locos a tu horario. Esto causaría una frustración innecesaria. Sin embargo, discute los cambios necesarios con tu familia y diles porque estás haciendo estos cambios. Si haces lo que Dios te pide, el Señor puede hacer milagros.

Aplicaciones en el Hogar

¿Eres alguien que constantemente corre en muchas direcciones diferentes? ¿Es difícil para ti usar la palabra de dos letras no? ¿Has peleado con como cumplir la misión de Dios para tus hijos? Entonces este ejercicio puede ser de beneficio. Haz una lista de todas las actividades en que están involucrados fuera de tu casa. Todo va en esta lista excepto tu trabajo y eventos regulares de la iglesia. Básicamente, ¿qué estás haciendo cuando no estás en tu casa, trabajo o iglesia? Tal vez nada en tu lista es malo en sí mismo, pero haciendo malabarismos con muchas obligaciones a la misma vez te puede cansar. Ya que tienes tu lista, hazte esta pregunta pensando en el trabajo que Dios te ha dado: ¿Qué no me permite discipular mejor a mis hijos? En otras palabras, ¿a qué necesito decir que no para liberar tiempo necesario para poder mejorar el hacer-discípulos en mi familia?

Día 4

La verdad, «más valen dos que uno», porque sacan más provecho de lo que hacen. Además, si uno de ellos se tropieza, el otro puede levantarlo. Pero ¡pobre del que cae y no tiene quien lo ayude a levantarse! Y también, si dos se acuestan juntos, entran en calor; pero uno solo se muere de frío. Una sola persona puede ser vencida, pero dos ya pueden defenderse (Ecc. 4:9-12a TLA)

"Te reto a que pienses en un acto genuino y significativo en la historia de la humanidad que fue hecho por solamente un ser humano (aparte del trabajo redentor de Cristo en la cruz). Sin importar que dices, vas a encontrar que un equipo de personas estaban involucrados."
— John C. Maxwell

¿Necesitas ayuda?

Derek Redmond nació para correr. Redmond, nacido en Bletchley, Buckinghamshire, Inglaterra, tuvo el récord Británico para una carrera de 400 metros. También ganó muchas medallas de oro en el relé de 4x400 metros en los Juegos Mancomunidad, Campeonatos Europeos, y Campeonatos Mundiales. Sin embargo, se le conoce más a Redmond por su performance (rendimiento) en los Juegos Olímpicos en Barcelona en 1992. Como un preferido para ganar el Oro Olímpico, Derek entró a la carrera semis-final listo en carril cinco. Derek comenzó la carrera bien. Desafortunadamente, en la parte final de la carrera, se le rompió el tendón de la corva. El paró rápido y se cayó en el piso con dolor severo, aguantando su muslo derecho. Mientras los paramédicos avanzaron a ayudarlo, Derek los mandó a alejarse porque su meta era terminar la carrera. Lentamente se levantó y comenzó a cojear en la pista. Mientras que terminaba los últimos 200 metros, su papá Jim Redmond logró pasar por seguridad y se juntó con su hijo en la pista. Muy perturbado pero determinado, Derek puso presión en el hombre de su papá y brincó en una pierna terminando la carrera en último lugar. Mientras cruzaron en final, la multitud de 65,000 se paró a aplaudir a Derek y su papá. Redmond, de acuerdo a los oficios Olímpicos, fue descalificado de la carrera. Hoy, los récords Olímpicos dicen que Derek Redmond "no terminó" la carrera. Sin embargo, esto no es completamente verdadero. El y su papá terminaron la carrera. Ambos terminaron juntos!

Nunca hay un caso, ni una instancia, y nunca una situación donde no necesitamos ayuda. A veces se necesita poca ayuda; otras veces necesitamos mucha ayuda. Sin importar la circunstancia, necesitamos los unos a los otros. Esto es especialmente verdadero cuando se trata de discipular.

Mandato de la Iglesia

El Nuevo Testamento habla mucho acerca de la importancia de los padres en discipular a sus hijos. El Apóstol Pablo dio instrucciones explícitas a la iglesia acerca de discipular en el hogar. Aunque Pablo nunca se casó ni tuvo hijos, él fue inspirado por el Espíritu Santo para dar instrucciones en esta área. Pablo dijo en Efesios 6:4, "Y ustedes, padres, no hagan enojar a sus hijos, sino críenlos según la disciplina e instrucción del Señor." Antes de que los padres puedan cumplir con la responsabilidad de "entrenar e instruir," ellos necesitan ser entrenado e instruidos ellos mismos. Hay que hacer la pregunta, "¿De dónde sacan los padres este entrenamiento e instrucción?" La respuesta está en la iglesia. Dios desea que ambos padres y la iglesia se junten para trabajar juntos como equipo para asegurarse que llegan hasta el final junto. Uno necesita al otro!

¿Por qué está la respuesta en la iglesia? De acuerdo a Efesios 4:11-12 la Biblia dice, "Él mismo constituyó a unos…pastores y maestros, a fin de capacitar al pueblo de Dios para la obra de servicio, para edificar el cuerpo de Cristo." En otras palabras, Cristo ha provisto gente madura espiritualmente en la iglesia para dar entrenamiento e instrucción bíblico para capacitar a los padres a ser hacedores de discípulos. Como el Señor ha dado una gran responsabilidad a la iglesia, tiene una gran labor para hacer. Dios tiene estándares y expectativas altos para los pastores y su equipo de trabajo. Es su trabajo entrenar a los papás y mamás para que puedan discipular como son llamados hacer. Barna dijo, "No es que los padres no están dispuestos a proveer un entrenamiento mejor a sus hijos. Es que no están capacitados para hacer esa labor."15

Si la declaración de Barna es verdad, entonces la iglesia tiene un trabajo muy importante y crítico. Es el deber de la iglesia proveer una enseñanza bíblica de maneras relevantes y prácticas para que los padres estén capaces de conocer y entender la Palabra de Dios acerca de cada tema en la vida. Otra manera de decirlo es, "La iglesia tiene que entrenar a los padres a entrenar."16 Esto es muy importante, especialmente para los padres que nunca han sido discipulado. Yo sé que para algunos esto parece muy trabajoso. No te sientas así. Todos necesitan creyentes maduros espiritualmente en su vida. Por eso la Biblia dice, "El hierro se afila con el hierro, y el hombre en el trato con el hombre." (Prov. 27:17). ¿Tienes a alguien para ser tu mentor o discipularte? Acuérdate: el mejor lugar para obtener esa ayuda es en la iglesia. Eso significa que la iglesia y el hogar tienen que trabajar juntos como equipo.

La Iglesia y el Hogar Trabajando Como Equipo

¿Están trabajando juntos como equipo?

Dos granjeros viejos metieron a sus caballos en una competencia de tracción de caballos. El objetivo de la competencia era conectar un animal a un trineo ponderado y poner al caballo a intentar halar el trineo a una distancia específica. El caballo del primero granjero ganó primer lugar por haber halado un trineo de 700 libras. El caballo del otro granjero terminó en segundo lugar porque solamente pudo halar un trineo de 500 libras. Después de la competencia los dos granjeros decidieron poner a los dos caballos juntos para ver cuánto podían halar juntos. Mucha gente asumía que los dos animales halarían 1,200 libras. Para el asombro de todos los dos caballos juntos halaron el trineo de 1,200 libras fácilmente. No se detuvieron ahí. Los caballos halaron 1,400, 1,600, hasta un trineo de 1,800 libras. Los granjeros siguieron añadiendo más peso al trineo y los dos caballos juntos lograron asombrar a la gente por halar 1,900 libras. Esto es una ilustración tremenda de la importancia del trabajo en equipo. Dios ha diseñado a la iglesia y al hogar para juntarse como equipo cuando se trata del discipulado. La iglesia es ordenada a capacitar, y los padres son ordenados a ser los primarios hacedores de discípulos de sus hijos. Cuando ambos se juntan, Dios puede hacer cosas increíbles en la vida de la familia.

Ahora la pregunta es, "¿Dónde comenzamos?" Hoy en día, hay muchos recursos y programas enfocados en enseñar la verdad inherente de Dios más que nunca. Las iglesias tienen acceso a muchos materiales de estudios Bíblicos de teólogos bien conocidos y cualificados. Los pastores tienen la habilidad de encontrar una súplica casi ilimitada de currículo diseñado específicamente para guiar a la gente a un camino más profundo en su caminar con el Señor. La iglesia, ahora más que nunca, está bien equipada con los recursos que necesitan para hacer discípulos. Steve Wright dijo, "La iglesia tiene que tener éxito la instrucción y capacitación de padres y madres en todo aspecto de la vida familiar, especialmente en el discipulado de sus hijos."17 Por lo tanto, la iglesia tiene la responsabilidad de proveer oportunidades de discipular para la familia entera con excelencia. Cuando la iglesia hace esto, están cumpliendo con el mandato de Dios, "vayan y hagan discípulos." (Mateo 28:19a).

Yo seré el primero para decir que los pastores y su equipo de trabajo son ordenados por el Señor para ofrecer oportunidades de discipular con calidad y excelencia. Es tiempo que los pastores suban sus mangas y empiecen a capacitar "a fin de capacitar al pueblo de Dios para la obra de servicio, para edificar el cuerpo de Cristo." (Efecio 4:12).

Discipular costará a los pastores y su equipo de trabajo todo que tienen, pero será la mejor inversión de su ministerio. Así que, pastores, pónganse a trabajar!

Sin embargo, la puerta abre por ambos lados. Tú y tu familia necesitan aprovecharse de las ofrendas de discipular de la iglesia y comenzar a trabajar. Los padres deben estratégicamente y con propósito integrar a su familia en la iglesia local separe sobre una enseñanza sólida y Bíblica y que ofrezca oportunidades de discipular de calidad.

¿Cuán conectado estás con lo que ofrece tu iglesia acerca del discipulado? Los padres hoy en día tienen la oportunidad de meterse en grupos pequeños, grupos de discipulado, tener mentor, y grupos de oración para crecer como discípulos. Sin embargo, hay una realidad muy triste. Muchos padres han usado a la iglesia no tanto por su propia edificación espiritual sino un lugar para dejar a sus hijos para que los profesionales pagados puedan proveer una educación Bíblica a sus hijos. Muchos padres no están embragando, y esta falta de equipo de trabajo tiene que parar. La iglesia y el hogar necesitan juntarse, trabajar juntos, y hasta convertirse en uno. Cuando ambas instituciones están unidas, terminarán la carrera juntos.

Básicamente...

Los aspectos de entrenar y discipular para los padres puede venir de muchas maneras diferentes dentro de la iglesia que tendrán beneficios. Es la responsabilidad de los padres aprovecharse del máximo número de oportunidades posible. El Señor es capaz de usar predicas, grupos pequeños, ministerios del discipulado personales, y muchos recursos más para ayudar a los padres desarrollar un mayor conocimiento de la Escritura. Básicamente te toca a ti ponerlo en práctica. Mientras vaya aumentando tu conocimiento, no te intimidarás con las preguntas teológicas y difíciles de tus hijos. Mientras crezcas, serás capaz de buscar en la Escritura y contestar hasta las preguntas más difíciles que puedan tener. Aun cuando no puedes descubrir las respuestas de unas preguntas difíciles, podrás utilizar a otras personas en la iglesia para ayudarte a contestar las preguntas más difíciles. De acuerdo a Steve Wright, "El hogar es responsable por entrenar a los niños, pero la iglesia es responsable por capacitar a los padres en como entrenar a sus hijos."18 La iglesia y el hogar tienen el potencial para ser las instituciones más viables y con más influencia para discipular a los niños cuando trabajan juntos como equipo. ¿Estás determinado a invertir tiempo en convertirte en un discípulo genuino de Cristo? No se requiere un certificado de una Universidad Bíblica o Seminario. Utilizar a la iglesia para convertirse en los hacedores de discípulos que necesitan sus hijos es el diseño de Dios. Entonces podrás proveer el guía necesario para que tus hijos puedan convertirse en los discípulos que Dios desea. George Barna dice, "Los padres revolucionarios ven a su iglesia como un compañero sin precio en un esfuerzo largo plazo para criar a un seguidor maduro de Cristo."19

Aplicaciones en el Hogar

¿Cuán bien conoces al equipo de trabajo de tu iglesia? Toma tiempo para conocer al equipo de trabajo voluntario y pagado de tu iglesia. En particular, toma tiempo para conocer a los hombres y mujeres que tienen responsabilidades en las áreas en las cuales tus hijos participan. Invítalos a tu casa a tomarse un café o una comida. Se determinado a conocerlos en un nivel personal. Entiende su filosofía, visión, y metas ministeriales en las áreas de responsabilidad. En otras palabras, busca la dirección de su ministerio y que experiencias están teniendo tus hijos. Después de conocerlos, hazte estas preguntas: ¿Cuán bien se alinean tus planes con lo que el Señor te ha pedido hacer? ¿La dirección de sus ministerios ayuda a mis esfuerzos de hacer discípulos? ¿Nuestras metas son complementos? Estas son preguntas importantes para considerar mientras sigan adelante juntos.

Day 5

¡La cuerda de tres hilos no se rompe fácilmente! (Ec. 4:12b)

Por el cariño que les tenemos, nos deleitamos en compartir con ustedes no sólo el evangelio de Dios sino también nuestra vida. ¡Tanto llegamos a quererlos! (1 Tes. 2:8)

Mentor, n. "Un hombre que fundamentalmente afecta y es de influencia al desarrollo de otro hombre."
— Dr. Bill Bennett

¿Quién está en tu equipo?

Temprano un viernes por la mañana, yo estaba sentado en iHop (restaurante) en Wilmington, Carolina del Norte con mi mentor, Dr. Bill Bennett. Dr. Bennett, un hombre de Dios, ha sido mi mentor por más de trece años. Pero por la distancia y mayormente yo estando muy ocupado, habían pasado tres años desde que nos habíamos visto cara a cara. Durante ese periodo de tres años, hablamos por teléfono en ocasiones, pero yo no había tomado el tiempo ni hecho el esfuerzo de mantenernos conectados. El Señor comenzó a darme la convicción de mi negligencia. Dios puso a Dr. Bennett en mi vida con un propósito, y no estaba utilizándolo como debería. Mientras esperábamos que llegara nuestro desayuno, él me preguntó que yo quería de él. Yo sabía que necesitaba reconectarme con él, pero no sabía que decir. Habían pasado tres años y yo era la razón por la cual había una falta de comunicación. Fue un momento humillante e incómodo, pero yo sabía que estaba siendo desobediente al Señor por no permitir a Dios utilizarlo en mi vida. Pregunté a Dr. Bennett si me perdonara y si volvería a mi vida para retarme, animarme y discipularme. El me miró a los ojos y sin pensarlo dijo, "Claro que sí." Me entregó su tarjeta y dijo, "Yo quiero que me llames en cualquier momento. Día o noche me puedes llamar!" En el tiempo que llegó la mesera con la comida y el resto de nuestro tiempo juntos fue como si nunca tuviéramos un tiempo aparte.

La razón por la cual te cuento esto es sencilla. Todos nosotros necesitamos a alguien en nuestras vidas para ayudarnos a crecer. Yo necesito a alguien y tú también. No se puede vivir la vida de un cristiano en una aspiradora. En otras palabras, no podemos vivir la vida solos. Necesitamos gente que puedan preguntarnos cosas difíciles de nuestras vidas. Es importante que permitamos a nuestra familia y amigos confrontarnos con nuestros pensamientos, actitudes, forma de hablar y acciones. Dios nos da los unos a los otros para que juntos podamos crecer a imagen y semejanza de Cristo. Toma al Apóstol Pablo como ejemplo. En algún momento en su vida él odiaba y hasta mataba a los cristianos. Pero tuvo un encuentro con Jesús en la Calle de Damascos, y se convirtió en uno de los teólogos y predicadores más tenaces del evangelio. También es responsable por escribir trece libros del Nuevo Testamento. Muy impresionante. ¿Lo hizo solo en una aspiradora? No. El Señor envió a un hombre llamado Bernabé a su vida para ser su mentor. ¿Ves mi punto? Por lo tanto, es sumamente importante que tengas otra gente significativa para compartir sus vidas y ayudarte a crecer.

Otros Significativos

Sin duda ninguna, el Señor ha dado a los padres el trabajo ominoso de discipular a sus hijos. Más aún, Dios espera que la iglesia vaya al lado de los padres para brindarles la ayuda y apoyo necesario en el proceso del discipulado. Aunque la Biblia habla claro acerca del trabajo de los padres y la iglesia, Dios no espera que lo hagamos solos. El Señor ha dado otros componentes importantes que los padres puedan utilizar. En Deuteronomio 6 hay una frase que muchas veces no se ve. En verso cuatro la Biblia dice en Deuteronomio 6:4ª, "Escucha, Israel." Para los lectores casuales esto parecerá solamente como una introducción con poco o ningún significativo, pero este no es el caso.

Moisés está llamando la atención de toda la congregación de Israel y la responsabilidad en lo que dice. El mandato expresado en versos 4b – 9 es específicamente para los padres. Sin embargo, el Señor también está estratégicamente ordenando a la nación entera a tomar parte en el proceso del discipulado. Moisés no solamente estaba hablando a los padres durante este mensaje, sino él estaba dirigiéndose a los abuelos, tíos, tías, y la comunidad entera.

La cultura Hebrea descrita en Deuteronomio naturalmente promovió este tipo de relación. Somos retados a repensar nuestro entendimiento de la familia, como el Instituto de Jóvenes Fuller explica: "Una familia en el Antiguo Testamento hubiera incluido los padres, hijos, trabajadores, tal vez los hermanos mayores con sus propios esposos e hijos. De hecho, las familias dentro del hogar podrían estar compuestas de hasta ochenta personas. Estos textos, como Deuteronomio 6, están discutiendo la crianza comunal de los niños. Nuestra propia distancia cultural de estos pasajes pueden causarnos a poner una presión inmerecida a solamente los padres."20

Aunque vivimos en un tiempo y cultura diferente, hay mucho que aprender de esta gente Hebrea. Hoy en día las familias típicamente no tienen ochenta familiares que viven cerca, mucho menos en la misma casa. Sin embargo, podemos reclutar familiares creyentes que comparten este mismo interés en las vidas de nuestros hijos para ayudar a discipularlos. Es crítico que los padres busquen gente que conocen y en quienes confían para ayudarlos en el trabajo difícil de discipular a sus hijos.

Los padres necesitan toda la ayuda que puedan obtener cuando se trata del proceso del discipulado. Verso cuatro también indica otro recurso de valor que pueden utilizar los padres. Los padres deben utilizar gente madura espiritualmente de la iglesia y comunidad para ayudarlos en los esfuerzos del discipulado. Estas personas no deben tomar el lugar de los padres sino complementar el trabajo de los padres. Reggie Joiner dijo, "La meta es que persiguen relaciones estratégicas para que otra voz de adulta estará hablando a la vida de tu hijo o hija, diciéndole las cosas que tratarías decir como padre."21 No importa si eres un hacedor de discípulos soltero, el único padre en el hogar motivado a discipular, o una pareja trabajando juntos como hacedores de discípulos, el trabajo es igual. Toma por seguro que estás estratégicamente poniendo gente piadosa en las vidas de tus hijos. Esta responsabilidad puede ser muy difícil. Obviamente no se debe pasar este deber por alto. Los padres deben buscar al Señor de esta manera. Santiago 1:5 dice, "Si a alguno de ustedes le falta sabiduría, pídasela a Dios, y él se la dará, pues Dios da a todos generosamente sin menospreciar a nadie." Básicamente la Biblia está diciendo, "pide a Dios que te de sabiduría." Permíteme preguntar… ¿Quién te ama más? Respuesta: Dios! ¿Quién ama a tus hijos más? La Misma Respuesta: Dios! ¿Quién quiere lo mayor para ti y tus hijos? Por supuesto, Dios! Ah, y dicho sea de paso, Dios también ama a tus hijos más que tú, así que podemos confiar en El con su plan. Por lo tanto pedir a Dios darte sabiduría para utilizar familia y amigos en el proceso del discipulado es de suma importancia.

Aprovechamiento de la Inversión

En un artículo publicado por Lifeway, Mark Kelly indicó la importancia de tener otro adulto intencionalmente compartir con tu adolescente. Tiempo compartido hoy es una inversión en el futuro del joven. Kelly dijo, "Adolescentes que tuvo por lo menos un adulto de la iglesia hacer una inversión significativa del tiempo en sus vidas también era más probable que siguieran asistiendo a la iglesia. Más de los que se quedaron en la iglesia – por una margen de 46 por ciento a 28 por ciento – dijeron que cinco o más adultos en la iglesia habían invertido tiempo con ellos personalmente y espiritualmente."[22] Basado en esta investigación, los padres podrían potencialmente afectar la vida adulta de sus adolescentes en una manera positiva. Los padres activos que toman tiempo para permitir las influencias positivas de otros adultos pueden ayudar a sus hijos convertirse en feligreses fieles en la iglesia más tarde en su vida. Siguió diciendo, "Invertir tiempo en los jóvenes es un vivo ejemplo del amor de Jesucristo en una manera tangible. Demuestra que un joven pertenece a la iglesia. Puede ayudar a un adolescente integrar su fe con su vida. También da al adolescente una conexión a la iglesia después de graduarse cuando muchos de sus amigos ya no asisten."[23] Es vital para los padres buscar otra gente piadosa que añadirá valor a sus esfuerzos al discipulado.

Tal vez estás pensando, "¿Vale la pena esto?" "¿Tengo el tiempo?" "¿Necesito hacer el esfuerzo de buscar y hasta entrevistar a alguien para ayudarme con mi labor de discipular?" Permíteme compartir un email que recibí de John Richardson hace poco. Él era estudiante mío cuando era pastor de jóvenes tiempo parcial en High Point, Carolina del Norte. Lee lo que escribió y te dejo decidir tú mismo.

Hola Mark,

Ha pasado mucho tiempo desde que nos hemos visto o hablado uno con el otro. Solo quise escribirte y compartir contigo lo que Dios está haciendo en mi vida. También espero que esto te anime a continuar en el ministerio. Recientemente, salí de Carolina del Norte y me mudé a Chattanooga, Tennessee para seguir la voluntad de Dios. El Señor me ha llamado al ministerio tiempo completo. Ahora soy el pastor campus de la Universidad de Tennessee Temple. Quise agradecerte por invertir en mí cuando fui adolescente por hacer una diferencia en mi vida. Dios te ha utilizado a construir el fundamento en mi vida que ahora está siendo de influencia a otros. No he olvidado de las veces que viniste a mi casa y me buscaste a mí y a mi hermano para ir a la iglesia. Tampoco he olvidado de los viajes misioneros del grupo de jóvenes. Todavía me acuerdo de todo el trabajo que hacían tú y tu familia para llevar acabo los viajes misioneros aun cuando trabajaba tiempo completo secularmente y en la iglesia tiempo parcial. Fui bendecido por tu disponibilidad de servir. Oro que yo pueda ministrar a los estudiantes como tú has hecho para mí y muchos más. Espero que esto te anime y que te permita entender el valor de tu vida en el plan de Dios. Muchas gracias.
Mantén tus manos en el arado,
John

Nunca subestimar el impacto de estratégicamente tener a una persona santa en la vida de tu hijo…no importando si la persona es un familiar o un amigo de la familia. No puedo poner suficiente énfasis en esto.

Permíteme darte una lista de cosas para considerar mientras ora y buscas alguien para venir al lado tuyo en el proceso de discipular a tus hijos. Necesitas ver evidencia de estas cosas:

- *Salvación basada en la fe en Jesucristo – Efesios 2:8-9.*
- *Una relación íntima con el Padre – Salmo 27:4.*
- *El fruto del Espíritu Santo en sus vidas – Gálatas 5:22-23.*
- *Dedicación real a su familia, especialmente su esposo/a – Efesios 5:22, 25.*
- *Inversión de su tiempo y dinero en la iglesia local – Hebreos 10:25.*
- *Visión para ver a los perdidos venir a Cristo – Mateo 28:19-20 y Hechos 1:8.*

Para contestar estas preguntas: "¿Vale la pena? ¿Tengo el tiempo? ¿Necesito hacer el esfuerzo para buscar y entrevistar a alguien para ayudarme con el proceso del discipulado?" La respuesta es: "¡Claro que sí!" La salud espiritual del futuro de tu hijo depende de las decisiones que tomas hoy. No pierdas tu oportunidad.

Aplicaciones en el Hogar

Encontrar otras personas para ayudarte con el proceso del discipulado puede ser una gran experiencia. En la mesa del comedor hoy por la noche o mientras estés guiando, pregúntales a tus hijos quienes son los otros adultos en sus vidas. ¿A quién admiran? No hesite añadir unos nombres después que te hayan nombrado algunas personas. Pueden ser maestros, vecinos, dirigentes, líderes de grupos pequeños, pastores, y familiares. ¿Quiénes en la lista son gente en que confías? ¿Tienen una relación activa con el Señor? ¿Tienen los mismos valores Bíblicos que tú? Toma las próximas semanas y pide sabiduría a Dios. Durante este tiempo presta mucha atención en la gente que Dios te revela. ¿Son personas que te pueden ayudar al lado tuyo para discipular a tu hijo? Esto puede ser el comienzo de una relación largo plazo de un mentor con tu hijo.

TODO COMIENZA CONTIGO

Lee Esto Primero – Intro de Semana 2…

Cada fuego comienza con una chispa. Cuando se trata del discipulado, los padres son las chispas que encienden la familia. Ya que eres un experto en los pasajes de Deuteronomio 6 y Proverbios 22:6, estás más cualificado para ser un encendedor. Pero antes de comenzar un fuego, usa los próximos 5 días de lectura para llenar los tanques de gasolina y preparar la leña.

En Días 6 a 10, tu lectura se tratará de ti. Cambiaremos nuestra discusión de desarrollar una estrategia para el discipulado al desarrollo como el hacedor de discípulos. Por eso esta semana se titula "Todo Comienza Contigo." Se trata de tu relación con Cristo y como hacer a la Palabra de Dios real en tu vida. Sin embargo, hay una palabra de precaución. Como la lectura de esta semana se trata de ti, no te sorprendas si Dios comienza a encender un fuego en ti. Antes de que termine esta semana, puede ser que estés repitiendo las mismas palabras que dijeron los dos hombres caminando a Emaús. Los dos hombres dijeron, "¿No ardía nuestro corazón mientras conversaba con nosotros en el camino y nos explicaba las Escrituras?" (Lc. 24:32)?

Y sean agradecidos. Que habite en ustedes la palabra de Cristo con toda su riqueza: instrúyanse y aconséjense unos a otros con toda sabiduría; canten salmos, himnos y canciones espirituales a Dios, con gratitud de corazón. Y todo lo que hagan, de palabra o de obra, háganlo en el nombre del Señor Jesús, dando gracias a Dios el Padre por medio de él. (Col. 3:15b-17)

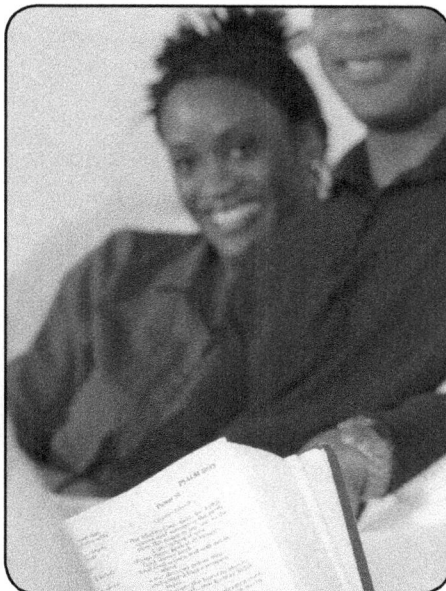

"No importando lo que enseñas al niño, él insiste comportarse como sus padres."
— James Merritt

"Cada día de nuestras vidas depositamos en los bancos de memoria de nuestros hijos."
— Charles R. Swindoll

Día 6

Busquen la paz con todos, y la santidad, sin la cual nadie verá al Señor. (Heb. 12:14)

Como hijos obedientes, no se amolden a los malos deseos que tenían antes, cuando vivían en la ignorancia. Más bien, sean ustedes santos en todo lo que hagan, como también es santo quien los llamó; pues está escrito: "Sean santos, porque yo soy santo." (1 Pd. 1:14-16)

"Muchas veces cuando estamos desanimados, pensamos, no quiero estar alrededor de cristianos. No quiero leer la Biblia. No quiero orar. Pero eso es un gran error. En ese momento es cuando debemos correr hacia Dios, no lejos de Él. Debemos estar compartiendo con su pueblo y en su Palabra, no esquivarlo."
— Greg Laurie

¿Tus hijos están siendo detenidos?

¿Te consideras un buen padre o un excelente padre? Si tú te ves como un buen padre, ¿te gustaría una promoción a excelente? Si tú te ves como un excelente padre, ¿te gustaría ser un gran padre? Lo puedes hacer! Lo puedes hacer hasta sin complicar tu vida.

Para repasar la semana pasada, vemos que Dios lo pone claro que Él le da la responsabilidad a los padres ser los primarios hacedores de discípulos de las vidas de sus hijos. Basado en Deuteronomio 6:4-9 y Proverbios 22:6, Dios sin error le da la responsabilidad entera a los padres de hacer discípulos a sus hijos. Los padres también están instruidos a utilizar a la iglesia y estratégicamente buscar otros en el proceso de hacer discípulos. Suena bien en el papel, pero ¿Cómo pueden los padres que ya están muy ocupados hacer esto funcionar?

Muchos padres sienten que están muy ocupados, no cualificados, o que no son suficientemente buenos (de moda) para tener una influencia en las vidas de sus hijos para discipularlos. A eso yo digo, "Si estás demasiado ocupado, tal vez necesitas sacar cosas de tu horario." Sí, eres cualificado! De hecho tú eres más que cualificado. Está bien, aunque no estés tan de moda, tú tienes la mayor influencia en la vida de tu hijo. Esto es dado por Dios. No solamente eso, es el diseño de Dios. ¿Cómo lo sé? Permíteme reiterar un punto clave de capítulo uno. Se han hecho censos y estudios seculares que consistentemente prueban que los padres son las personas de más influencia en las vidas de sus hijos. La red de MTV hizo un estudio nacional y descubrió cuanta influencia tienen los padres para los que ven sus programas. Preguntaron a sus audiencias entre las edades de 13 y 24 la pregunta, "¿Qué te hace feliz?"1 El estudio reveló esta observación:

Un padre preocupado y cansado puede imaginar la respuesta así: Sexo, drogas, un poco de música de Rock. Tal vez dinero o por lo menos unas llaves de un carro. Pero la respuesta real es muy diferente. Compartir con su familia fue la respuesta número uno de esa pregunta… Se ven a los padres como una influencia positiva en las vidas de la mayoría de los jóvenes. Asombrosamente, casi la mitad de los adolescentes mencionan por lo menos a uno de sus padres como un héroe.2

Sencillamente, a los niños les gustan sus padres. Dios diseñó ese honor para los padres y desea que los padres obedezcan su mandato de ser de influencia a sus hijos a través del discipulado. Sin embargo, antes de que los padres puedan discipular a sus hijos, hay unas condiciones que hay que considerar. Para poder ser un hacedor efectivo de discípulos de tus hijos, Dios espera que tú estés buscando una relación vibrante y fuerte con Él primero. John Maxwell dijo una vez, "La gente no puede dar a otros lo que no poseen."3 Antes de que tú puedas discipular a alguien, tienes que estar creciendo espiritualmente. El crecimiento espiritual requiere determinación y dedicación. En su libro Spiritual Parenting (Crianza Espiritual), Michelle Anthony discute la importancia de los que discipulan tomando responsabilidad por su propio desarrollo espiritual:

Antes de que yo pueda ser responsable por otra persona, tengo que ser responsable por yo mismo. Esto no es un acto egoísta, sino un acto necesario. Mi amigo Roger Tirabassi ilustró este punto bien cuando él dijo que las compañías de aerolíneas entienden el concepto cuando instruyen a los pasajeros, "En el caso de una emergencia, si estás viajando con un niño, primero hay que ponerte la máscara de oxígeno antes de ponérselo a tu hijo." Tomar responsabilidad para mí me pone en una mejor posición para ofrecer mi ayuda a otros.4

Es raro pensar que alguien podría ayudar a otra persona a desarrollarse como un discípulo de Cristo cuando no hay un compromiso personal o crecimiento en ellos mismos. Por lo tanto, tú, como el primario hacedor de discípulos de tu hijo, tienes que tomar a tu relación con Cristo en serio para que puedas hacer la diferencia en la gente que Dios te ha dado. Es un trabajo fuerte! Pero el pago es eterno.

Obteniendo una Mayor Perspectiva

¿Has escuchado estas frases alguna vez? "La manzana no cae lejos del árbol," "like father, like son," and "a chip off the old block." Estas frases ilustran las comparaciones increíbles entre los padres y sus hijos. Hay varias cosas similares en lo físico, forma de ser, e inclinaciones que son misteriosos. De un punto de vista espiritual, sin embargo, es asombroso ver los paralelos en los niveles de madurez espiritual de los padres y sus hijos. En su libro, Parenting with Kingdom Purpose (Crianza Con un Propósito del Reino), Ken Hemphill explicó mejor este punto cuando dijo, "Muchos padres que quieren saber hacia dónde van sus hijos espiritualmente solamente necesitan mirarse en el espejo."5 Esta declaración es tan verdadera. En muchos casos, los niveles espirituales de los padres y sus hijos están maravillosamente relacionados.

La Biblia sabe muy bien de estas cosas similares. La Escritura dice, "Busquen la paz con todos, y la santidad, sin la cual nadie verá al Señor." (Heb. 12:14). Dios desea una relación contigo. Esto no es algo Nuevo, ¿verdad? No hay nada más importante en la vida de un creyente que su relación personal con el Señor. Él llama sus hijos santos. Esta verdad no es solamente para ti sino también para tus hijos. Permíteme hablarte franco. ¿Es tiempo para estar serio acerca de tu relación personal con el Señor, no solamente para ti sino también para tus hijos? El crecimiento espiritual de tus hijos depende de esto. ¿Por qué digo esto? Lo digo por la realidad dicha en Hebreos. El escritor dijo, "la santidad, sin la cual nadie verá al Señor" (Heb. 12:14b).

Dios ha puesto a cada hijo en tu vida a propósito. No son errores. Su meta es para que prepares a cada uno de ellos cada día para honrarlo a Él. Discipular a cada niño comienza en el hogar. El diseño de Dios es tener a cada niño vivir con la gente de más influencia en sus vidas para hablarles acerca de Dios, ayudarles pensar apropiadamente de Dios, y demostrarles como obedecerlo cuidadosamente. Al fin al cabo, tú eres responsable por prepararlos para la eternidad. Piensa en eso un momento. Por lo tanto, si los niños, especialmente los adolescentes, van a experimentar una relación saludable con el Señor, necesitan que tú estés corriendo hacia Dios primero. En otras palabras, "Todo comienza contigo!"

Sin tener que decirlo, esto es un asunto serio. No hay tiempo para perder. Tienes que aprovecharte del crecimiento de tu fe. Tienes que fielmente ser un continuo aprendiz de la Palabra de Dios y intencionalmente dar testimonio de eso con consistencia. Scott McConnell observó, "Los estudiantes son expertos en dares cuenta de las inconsistencias entre lo que dicen los padres y lo que hacen."6 Es fácil para los padres hablar como deben hablar, pero el asunto viene siendo si pueden caminar como deben caminar. Norma Schmidt dijo,

Mi madre se había dado cuenta de una verdad esencial: Los niños absorban los valores que ven que los adultos ponen en acción. ¿Te has dado cuenta que los niños pueden rápidamente ver una inconsistencia entre lo que decimos y lo que hacemos? Mucho antes de que los niños puedan deletrear "hipocresía," se dan cuenta que nuestras acciones no van con sus palabras. "No te preocupes por que los niños nunca te escuchan; preocúpate por que siempre te están mirando," autor Robert Fulghum dice. Los niños necesitan ver en nosotros "las acciones de nuestras palabras." De hecho, enseñamos a los niños major cuando practicamos "siendo lo que queremos ver" en ellos.7

John Maxwell lo puso de otra manera cuando dijo, "enseñamos lo que sabes, reproducimos lo que somos."8 De verdad, lo que tú piensas acerca de las materias, tu actitud en las situaciones, lo que dices acerca de los asuntos, y como respondes a las circunstancias muchas veces son adoptados por tus hijos. Christian Smith en su libro Soul Searching (Búsqueda del Alma), dijo, "Recibiremos lo que somos. Por los procesos normales de socialización, y si otras cosas significantes no intervienen, más que lo que los padres pueden decir que quieren que sea el resultado final religiosamente con sus hijos, la mayoría de los padres mayormente terminarán recibiendo el resultado religioso que ellos mismos son."9 Correr hacia Dios tal vez te requerirá hacer unos ajustes grandes en tus pensamientos, palabras y acciones. Padres, necesitan enfocarse completamente en su búsqueda de Dios. El fin de todo esto es: tú reproduces tú mismo en tus hijos, te guste o no.

Choca Con el Cielo Corriendo

Los padres tienen una labor enorme que hacer. Están ocupados dentro y fuera del hogar. Sin embargo, Dios espera que los padres busquen una relación personal que crece. Los padres pueden preguntar, "¿Cómo se puede correr hacia Dios en estos momentos?" Dios tiene una respuesta. Él desea que sus seguidores lo busquen a través de su Palabra. Dios no espera la perfección sino la persistencia. Tropezamos y caemos; pero levantarse otra vez y comenzar de nuevo es lo que vale. Tu búsqueda tal vez requerirá ajustes en tu estilo de vida, prioridades y mentalidad. Como sea el caso, Dios espera que los padres corran hacia Él no importando el costo.

Vivir para Dios comienza con la lectura de la Palabra de Dios. No hay sustitución. De acuerdo a Lifeway, "el catalizo #1 para el crecimiento espiritual es sencillo: lectura diaria de la Biblia."10 En 2 Timoteo 3:16-17 la Biblia dice, "Toda la Escritura es inspirada por Dios y útil para enseñar, para reprender, para corregir y para instruir en la justicia, a fin de que el siervo de Dios esté enteramente capacitado para toda buena obra." Cristo espero que sus seguidores lean sus Biblias y que anhelen una relación saludable con Él. Suena sencillo, ¿verdad? Desafortunadamente no es el caso. Una encuesta local fue conducida que reveló un resultado alarmante en los hogares de muchos padres Cristianos. Los padres y madres de adolescentes fueron preguntado, "Durante una semana normal, ¿cuántos días lees tu Biblia?" Solamente 34%11 dijeron que leen su Biblia 5 a 7 veces en la semana. En adición, una encuesta nacional conducida por Brad Waggoner destapó unas estadísticas alarmantes. El descubrió, "Solamente 16 por ciento de feligreses Protestantes leen su

Biblia diario y un 20 por ciento la leen 'unas pocas veces en la semana.'"12 Aunque la Biblia es el libro más vendido y popular en el mundo, parece que también es el más ignorado. Esta información señala a una gran desconexión. Si la lectura de la Biblia produce crecimiento espiritual entonces eso solamente significa una cosa! Los padres no están creciendo espiritualmente. ¿Esto te describe a ti? ¿Te molesta? Parece que los cristianos están quedándose corto en el proceso. John Maxwell ha dicho, "No podemos guiar a alguien que llegue más lejos de lo que nosotros hemos llegado. Demasiadas veces estamos tan preocupados por el producto que tratamos de brincar pasos en el proceso."13 Es tiempo detener el ciclo. Cuando los padres acortan el proceso del aprendizaje y crecimiento en sus propios caminos, el hijo es últimamente el que pierde. Padres, tienes que determinarte buscar una relación de amor con el Señor. En otras palabras, corre hacia Dios con todo lo que tienes. Estás cualificado.

Cuando fui niño, mi mejor amigo, Steve, y yo estábamos en una piscina local de la comunidad. Esta era la piscina más grande en el pueblo, completo con una deslizadora, dos pequeños trampolines y un trampolín gigante. Nunca me había tirado del trampolín gigante básicamente porque era una gallina. Sin embargo este día, Steve me estaba retando. Sin tener que decirlo, yo tenía mucho miedo. Cuando por fin logré echar para un lado el miedo, poco a poco subí la escalera y llegué al trampolín. Rápido que miré para abajo vi cuán lejos estaba el agua de mí, decidí que no estaba listo para tirarme. Mientras giraba para bajarme, ya había cuatro o cinco personas paradas en la escalera esperando que yo saliera del medio. Me di cuenta de que estaba obligado a tirarme. Miré a Steve y él se reía y me dijo, "solo tienes que correr y brincar." Sin tener donde irme excepto dentro del agua hice lo que me dijo. Empecé a correr. Sin embargo, se me olvidó de una cosa. Olvidé hacer el clavado. Cuando mis pies dejaron de pisar el trampolín, seguí corriendo hasta que yo caí en el agua con mi cara primero. Cuando llegué al borde de la piscina, Steve se quedó sin palabras. No pudo hablar porque estaba riéndose tan duro. Cuando por fin pudo hablar él dijo, "Tú pareciste a un muñequito de televisión corriendo así en el aire. Tus piernas nunca dejaron de moverse."

Aquí está el punto. Tú y yo tenemos un corto tiempo en éste planeta para conocer a Dios el Padre, Dios el Hijo, y Dios el Espíritu. Desde el momento que entregamos nuestras vidas a Cristo, Dios espero que aprendamos de Él a través de su Palabra escrita. Sin embargo, vendrá un día cuando partiremos de esta tierra. Ese día, nuestro aprendizaje terrenal se acaba, pero nuestro aprendizaje celestial comenzará. Dios quiere que corramos hacia sus brazos ahora y al morir brincar en sus brazos por la eternidad. No sé de ti, pero yo quiero aprovechar lo más que yo pueda ahora y conocer a mi Redentor lo mejor que yo puedo para que cuando se acabe esta vida llegar al cielo corriendo.

Aplicaciones en el Hogar

Antes de que te sientas a cenar esta noche escribe Hebreos 12:14a en una tarjeta para toda tu familia. Escribe, "Busquen la paz con todos." Mientras estén comiendo, deja que todos digan su interpretación del versículo. Después pide a cada persona describir como este versículo ha sido aplicado a su vida recientemente. Esto es una manera sencilla y buena para demostrar a tu familia como la Biblia puede ser vivido diariamente.

Día 7

But one thing I do: Forgetting what is behind and straining toward what is ahead, I press on toward the goal to win the prize for which God has called me heavenward in Christ Jesus. (Phil. 3:13b-14)

"'Qué pasaría si…' tres palabras lo menos amenazante posible. Pero si las pone juntas una al lado de la otra tienen un poder que te puede perseguir el resto de tu vida: '¿Qué pasaría si…?'…"
Cita de la película Letters to Juliet (Cartas a Julieta)

¿Te acuerdas del momento cuando conociste a esa persona tan especial?

Un día después de la clase de Educación Física mi amigo David me preguntó que iba a hacer el viernes por la noche. Yo ya había hecho planes para ir al cine con mi amiga Sara que era de otra escuela. El dijo, "Bueno si tienes una oportunidad quiero invitarte a mi fiesta de sorpresa de 16 años." Le pregunté, "¿Dijiste que era una fiesta de sorpresa?" El contestó, "Sí, mi mamá está planificando una gran fiesta para mí y está tratando de mantenerlo un secreto, pero es imposible. ¿Puedes ir?" Yo estaba contándole que no estaba seguro si podía ir cuando me dijo, "¿Te acuerdas de la foto de esa nena que te enseñé en la clase de Ciencia el otro día?" Yo dije, "Claro que sí, ella es hermosa." Entonces él dijo, "Ella va a estar." Eso me dio más interés, pero no sabía qué hacer.

Cuando llegó la noche del viernes fui a la casa de Sara, la busqué, y fuimos al cine. Nos divertimos mucho, pero sus padres la esperaban en casa rápido después de la película. Cuando llegamos a su casa, las luces estaban apagadas y sus padres ya estaban en la cama. Me sentía un poco incómodo quedándome en la casa de ella aunque ni eran las diez de la noche todavía. Decidí ir a la fiesta de "sorpresa" de David. Mientras guiaba, me emocionaba pensando en que iba a conocer a esa chica en la foto. Cuando llegué no pude creer cuan decepcionado estaba por la foto que me enseñó David. Ella era más hermosa que esperaba. Me uní a las actividades de la fiesta, pero no pude ni hablar con la chica de la foto. Pero una cosa era segura: yo realmente quería conocerla aunque era muy cobarde hasta para hacer contacto visual con ella. La próxima semana en la clase de Ciencia David me acercó y preguntó, "¿Qué pensaste de la fiesta?" Le dije, "Estuvo buena, pero tu foto no demuestra ni un poco de la belleza de esa chica." El dijo, "Yo pensaba que te iba a gustar. ¿Qué crees si organizo una cita doble para que puedas salir con ella?" No sabía que hacer. No pude creer que él haría algo así para mí entonces rápido dije, "Sí!" Yo quería compartir con ella y conocerla. Entonces le pregunté, "¿Tú me podrías regalar esa foto?" Eso pasó hace treinta años atrás. No sé que le pasó a esa foto, pero sé una cosa: Nunca dejé de compartir con esa chica de la foto porque hoy es mi esposa. Así mismo como yo quería compartir con esa chica de la foto, Dios quiere compartir contigo.

La Obsesión de Dios

Dios está obsesionado en querer una relación contigo. Él está consumido con el pensamiento de estar contigo no solamente ahora pero para siempre. Él hizo todo posible para poder lograr eso. Dios puso a su único Hijo en una cruz hace 2,000 años atrás para morir solamente para que esa relación fuera posible. Tal vez sientes que tu relación con el Señor no existe, o está fría o muy lejos. Tal vez eres un padre que nunca ha ido a la iglesia o no ha ido mucho. En el otro lado de la moneda, tal vez estás disfrutando de una relación que está creciendo con el Señor y estás muy involucrado en la iglesia local. No importa como sea tu relación con el Señor, hay muchas veces cuando sentimos que hay barreras entre Dios y nosotros. Hay una tendencia para la gente que no están cerca de Dios pensar que Él no es alcanzable. Sin embargo, no hay nada que Dios no hará de su parte para romper o eliminar toda barrera entre Él y los que Él ama tanto…especialmente cuando la barrera es el pecado.

Barreras

Dios odia al pecado. Sin embargo, Dios siempre he hecho un camino para regresar a Él. Para sus hijos, Él está listo y disponible para restablecer el diálogo entre nosotros y Él. La Biblia dice en 1 Juan 1:9, "Si confesamos nuestros pecados, Dios, que es fiel y justo, nos los perdonará y nos limpiará de toda maldad." Para que los seguidores de Cristo puedan confesar su pecado correctamente, los creyentes necesitan ponerse de acuerdo con Cristo que hay pecado en sus vidas. Genuinamente pídele perdón a Dios y esté determinado decir que no a ese pecado de nuevo. Entonces, como resultado, la Biblia dice, "Dios, que es fiel y justo, nos los perdonará" (1 Jn. 1:9b). No importando cual sea el pecado, Dios "nos los perdonará y nos limpiará de toda maldad." (1 Jn. 1:9c).

Rey David no era un hombre perfecto. No por mucho. Aunque la Biblia dice, "He encontrado en David, hijo de Isaí, un hombre conforme a mi corazón…" (Hechos 13:22a) él tuvo un gran fracaso moral. David cometió adulterio con Betsabé, la embarazó, y después mandó a matar a su esposo para tratar de tapar el lío entero. Muchos meses pasaron antes que Natán confrontara al Rey David acerca de su pecado. Durante ese tiempo su vida fue miserable. Cuando David llegó al extremo de su cuerda, él sabía que necesitaba arrepentirse a Dios. David dijo, "Pero te confesé mi pecado, y no te oculté mi maldad. Me dije: «Voy a confesar mis transgresiones al Señor», y tú perdonaste mi maldad y mi pecado." (Sal. 32:5).

¿Viste la palabra que David usó para describir el lavado de sus pecados? Culpa. En este contexto, Dios usó esa culpa para llevar a David al arrepentimiento. Esto fue algo bueno. Sin embargo, muchas veces se le hace difícil a la gente dejar la culpa, aún después de estar perdonado. Cuando nosotros como creyentes auténticamente pedimos perdón a Dios, tendemos a dejar el pecado persistir en nuestras mentes. A veces dejamos que el pecado tenga un efecto residual. No hay nada saludable acerca de eso. La culpa nos hace sentir indigno del perdón de Dios. La culpa nos mantiene unidos al pecado. La culpa nunca nos deja realmente experimentar la libertad que realmente provee ese perdón. A Satanás le encanta vernos revolcarnos en el bache de nuestra culpa. Por lo tanto, es importante saber que Dios hace una vez hayamos buscado su perdón. En otras palabras, ¿Qué hace Dios con nuestro pecado después de confesar genuinamente? La Biblia dice,

Tan grande es su amor por los que le temen como alto es el cielo sobre la tierra. Tan lejos de nosotros echó nuestras transgresiones como lejos del oriente está el occidente. (Sal. 103:11-12)

Vengan, pongamos las cosas en claro—dice el Señor— ¿Son sus pecados como escarlata? ¡Quedarán blancos como la nieve! ¿Son rojos como la púrpura? ¡Quedarán como la lana! (Isa. 1:18)

Yo les perdonaré su iniquidad, y nunca más me acordaré de sus pecados. (Jer. 31:34b)

Vuelve a compadecerte de nosotros. Pon tu pie sobre nuestras maldades y arroja al fondo del mar todos nuestros pecados. (Miq. 7:19)

Escucha cuidadosamente a estas palabras. Déja que se hundan y penetren en tu alma. "Tan lejos de nosotros echó nuestras transgresiones como lejos del oriente está el occidente." (Sal. 103:12a). ¿Cuán lejos es eso? "¿Son sus pecados como escarlata? ¡Quedarán blancos como la nieve! ¿Son rojos como la púrpura? ¡Quedarán como la lana!" (Isa. 1:18b). El pecado nos mancha, pero el perdón de Dios nos limpia totalmente. "Nunca más me acordaré de sus pecados" (Jer. 31:34b). Esto es hermoso. Dios decide perdonar. Amnesia permanente. No tengo idea como Él lo hace. Pero Dios es capaz de, "arroja al fondo del mar todos nuestros pecados" (Miq. 7:19b). En los tiempos antiguos el mar fue considerado un lugar de muerte. Dios bota nuestro pecado en un lugar de muerte. No hay nada que Dios no haría para ti. Él te ama y te cuida y nunca quiere que el pecado te controle. Dios no quiere que la culpa que viene con el pecado te esclavice.

Un niño pequeño y su hermana siempre esperaban con emoción poder visitar a sus abuelos cada verano. Cuando llegaban, los niños siempre sabían que su abuelo tenía un regalo especial para regalarlos. Este verano no fue la excepción. Greg recibió su primera lanza de su abuelo. Le encantó jugar con su nuevo juguete. El practicaba y practicaba, pero él nunca pudo darle a nada. Un día él salió para el patio de la casa sus abuelos y vio al pato de su abuela. Sin pensarlo él cargó la lanza, apuntó, y le dio al pato. Increíblemente, la piedra le dio al pato y cayó muerto. Greg se asustó. El desesperadamente trató de esconder al pato muerto debajo del almacén, pero cuando subió la mirada, vio a su hermana, Stacey, mirándolo. Ella había visto todo, pero no dijo ni una palabra. Después del almuerzo ese día, Abuela dijo, "Stacey, vamos a recoger y lavar los platos. how." Pero Stacey dijo, "Abuela, Greg me dijo que él quería ayudarte en la cocina hoy. ¿Verdad que sí, Greg?" Entonces ella lo miró y susurró, "¿Te acuerdas del pato?" Entonces Greg de mala gana ayudó a su abuela a recoger y lavar los platos.

Más tarde Abuelo preguntó a los niños si querían pescar. Abuela dijo, "No sé si tendremos suficiente tiempo para pescar porque necesito que Stacey me ayude con la cena." Stacey se rió y dijo, "No hay problema. Greg se quedará a ayudarte, Abuela. El quiere hacerlo." Otra vez susurró, "¿Te acuerdas del pato?" Greg se enojó y de mala gana se quedó mientras Stacey pescó con Abuelo. Esto siguió por muchos días. Stacey tenía todo el control. Varios días pasaron con Greg haciendo las tareas de él y Stacey. Por fin, se cansó. El fue adonde su abuela y confesó que había matado a su pato. Ella miró a Greg a los ojos y dijo, "Yo sé que sí" mientras lo abrazaba. "Yo estaba en la ventana cuando vi todo. Greg, tea mo y te perdono. Pero quería saber algo. ¿Por qué dejaste que Stacey te hiciera un esclavo?"

A Satanás le encanta utilizar la culpa para esclavizarte. ¿Qué pasaría si dijeras, "No, ya no voy a ser esclavo a la culpa?" ¿Qué pasaría si dejaras que Cristo te tuviera? ¿Qué pasaría si aceptaras su perdón completo? ¿Qué pasaría si decidieras vivir en su libertad? ¿Qué pasaría si decidieras olvidarte de "lo que queda atrás y esforzándome por alcanzar lo que está delante" (Fil. 3:13b)? ¿Qué pasaría si creyeras el versículo "si el Hijo los libera, serán ustedes verdaderamente libres" (Jn. 8:36). ¿"Qué pasaría si" son tres palabras lo menos amenazantes posible. Pero cuando las pone juntas una al lado de la otra tiene poder para liberarte para el resto de tu vida…

Aplicaciones en el Hogar

Antes de la cena esta noche, mira a ver si puedes encontrar unas tarjetas de Navidad que recibiste el año pasado. (Si ya las has botado, busca tarjetas que te han enviado en otras ocasiones o haz una lista de unos vecinos que viven cerca.) Justo antes de sentarse a comer, toma dos o tres de las tarjetas o nombres y ora por ellos individuamente. ¿Por qué hacer esto? Muchas veces cuando la culpa nos ha esclavizado, podemos enfocarnos en nosotros mismos. Este es un buen ejercicio para ayudarte a ti y a tu familia enfocarse en otros.

Día 8

Escribe al ángel de la iglesia de Laodicea:
Esto dice el Amén, el testigo fiel y veraz, el soberano de la creación de Dios: Conozco tus obras; sé que no eres ni frío ni caliente. ¡Ojalá fueras lo uno o lo otro! Por tanto, como no eres ni frío ni caliente, sino tibio, estoy por vomitarte de mi boca. Dices: "Soy rico; me he enriquecido y no me hace falta nada"; pero no te das cuenta de que el infeliz y miserable, el pobre, ciego y desnudo eres tú.
Por eso te aconsejo que de mí compres oro refinado por el fuego, para que te hagas rico; ropas blancas para que te vistas y cubras tu vergonzosa desnudez; y colirio para que te lo pongas en los ojos y recobres la vista. Yo reprendo y disciplino a todos los que amo. Por lo tanto, sé fervoroso y arrepiéntete. Mira que estoy a la puerta y llamo. Si alguno oye mi voz y abre la puerta, entraré, y cenaré con él, y él conmigo. Al que salga vencedor le daré el derecho de sentarse conmigo en mi trono, como también yo vencí y me senté con mi Padre en su trono. El que tenga oídos, que oiga lo que el Espíritu dice a las iglesias.
(Apoc. 3:14-22)

"Uno se cansa corriendo de Dios. Tal vez tú sientes que Él te está persiguiendo. Si es así, es tiempo de dejar de correr."
— Haddon W. Robinson

¿Estás fuera del alcance de Dios?

Cuando eras niño, ¿te criaste viendo 'Plaza Sésamo?' Si tu respuesta es sí, estoy seguro que te acuerdas del personaje azul, flaco y peludo con la nariz grande y roja. A menudo se introducía diciendo, "Hola amiguitos. Este es tu amigo, Archibaldo." En un episodio en particular, Archibaldo quiso hablar acerca de las palabras "cerca" y "lejos." Archibaldo siempre quería que su audiencia aprendiera cosas nuevas. El hacía casi todo para asegurarse que llegaba su mensaje. Archibaldo comenzaba diciendo, "Hoy, les voy a hablar acerca de alrededor, arriba, abajo y a través. También, yo, Archibaldo, les voy a demostrar cerca y lejos. Aquí voy. Primero, esto es cerca." Después tomó un paso para atrás y pisotear con sus pies. Después de llevar el mensaje, él viraba y corría en reversa como veinte pasos. Giraba, pisoteaba con sus pies otra vez, y gritaba, "Esto es lejooooos." en una manera típica de Archibaldo. Por un momento, Archibaldo piensa que ha enseñado la diferencia entre dos palabras. Con orgullo él siente que ha comunicado efectivamente y todos los que están viendo entienden su idea. Sin embargo, él se da cuenta de que no todos han entendido su enseñanza. Entonces Archibaldo decide repetir el proceso otra vez. Archibaldo tiene que repetir el proceso de correr para adelante y para atrás cinco veces diferente. Con esta repetición, él se frustra y se cansa más y más. Al final, Archibaldo está completamente desanimado y fatigado. El se da cuenta que ha fallado y se cae de cansancio.

Archibaldo trabajaba fuertemente para llegar a su punto. El claramente enseñaba los significados de las palabras cerca y lejos. Cuando se trata de una relación con Cristo, Dios siempre nos quiere cerca no lejos. En el libro de Apocalipsis, Jesús confronta a la iglesia de Laodicea con el hecho de que se han alejado de Él. En algún momento la iglesia estaba creciendo y confiando en el Señor para todo. Estaban disfrutando de una relación cercana con Cristo. Pero algo pasó para cambiar esa cercanía. Jesús habla a la iglesia y dice, "Conozco tus obras; sé que no eres ni frío ni caliente. ¡Ojalá fueras lo uno o lo otro! Por tanto, como no eres ni frío ni caliente, sino tibio, estoy por vomitarte de mi boca." (Apoc. 3:15-16). Muchas veces leemos estas palabras y asumimos que Jesús no quiere que sus seguidores estén en ambos lados de la verja. Mucha gente lee estos versículos y entiende que Jesús quiere que la gente esté o "caliente" o "fría" para Él. Cuando lo piensas, ¿eso es lo que quiere decir? Yo puedo ver que es estar "caliente" para Jesús, pero no estoy seguro como sería estar "frío" para Jesús. Realmente, no tiene sentido.

Antes de que podamos completamente entender este pasaje tenemos que saber unas cuantas cosas acerca de la historia y paisaje de Laodicea. Laodicea era una comunidad pequeña pero segura económicamente. La ciudad fue bien conocida por dos artículos de comercio en particular. Laodicea tuvo gran riqueza por una industria pujante de textil y la producción de pomada de ojo con propiedades curativas. Mientras florecían estos productos, aumentaba su riqueza. Sin embargo, mientras aumentaba su flujo de fondos, su independencia también aumentaba. En la superficie, las cosas no podían mejorar. Pero Laodicea tuvo un gran problema que no tuvo nada que ver con su comercio. El agua estaba contaminada. Pero para los de Laodicea, esto no era un problema. Por eso se podían decir jactanciosamente, "Soy rico; me he enriquecido y no me hace falta nada" (Apoc. 3:17). En otras palabras, no tenían intenciones de buscar al Señor cuando tuvieron problemas.

Podían aguantar cualquier cosa. Si tenían un problema, solamente necesitaban usar su dinero para resolverlo. Y eso es exactamente lo que hacían.

Primero, vamos a mirar al paisaje. Ubicado aproximadamente 3½ millas de Laodicea había dos pueblos que podían resolver su problema de la polución del agua. Colossa, esta de Laodicea, era un pueblo bien conocido por sus refrescantes manantiales de agua fría. ¿Qué es mejor que beber en un día caluroso o después de trabajar fuertemente haciendo tela que un buen vaso de agua fría? Hierapolis, norte de Laodicea, había un pueblo bien conocido por sus relajantes manantiales de agua caliente. Después de un día trabajoso de hacer crema para los ojos, no hay nada mejor que relajarse en una bañera de agua caliente, dejando que el calor rejuvenezca tus músculos cansados y dolidos. La solución es sencilla. Solamente tenían que comprar el agua fría de Colosa y el agua caliente de Hierápolis. Su plan era perfecto. Excepto, por una cosa. Ambas fuentes de agua estaban a 3½ millas de distancia. Para mucha gente en esos días, buscar agua a 3½ millas sería insuperable, pero no para los de Laodicea. Ellos tuvieron una idea brillante. Como eran independientes y ricos, ellos solamente tenían que usar su dinero para resolver el problema. ¿Entonces que hicieron? Construyeron dos tuberías. Los de Laodicea construyeron una tubería de Coloso para el refrescante agua fría y otra tubería de Hierápolos para el relajante agua caliente.

La gente de Laodicea estaba eufórica. Ya podían resolver su problema del agua contaminada y seguir disfrutando de la vida. ¿Quién necesita a Dios si tú eres inteligente, industrioso, y rico? Después que habían terminado la construcción de las tuberías, el día por fin llegó para que los de Laodicea pudieran disfrutar su agua fría y caliente del grifo. Sin embargo, cuando prendieron los lavamanos, estaban asombrados que su plan falló. No había agua fría. No había agua caliente. El agua de ambas fuentes salió tibia. Todo ese tiempo y dinero que gastaron solamente trajo decepción. ¿Por qué? ¿Por qué el agua salió tibia? Hay una explicación sencilla. En el tiempo que el agua fría se tardó en llegar de Coloso después de 3½ millas a Laodicea la temperatura del agua cambió de fría a tibia. En el tiempo que se tardó el agua caliente en llegar de Hierápolos después de 3½ millas a Laodicea la temperatura del agua cambió de caliente a tibia. Laodicea estaba muy lejos de las fuentes de agua.

¿Nunca has tenido calor y sed y caminaba a una fuente de agua necesitando beber agua fría? Cuando hunde un botón y bajas tu boca para beber de ese refrescante líquido, encuentras que está dañada la fuente o desenchufada porque el agua sale tibia. ¿Qué es la primera cosa que hace la gente? ¡Lo escupe! Por eso Jesús dijo, "Por tanto, como no eres ni frío ni caliente, sino tibio, estoy por vomitarte de mi boca." (Apoc. 3:16). En conclusión, los de Laodicea estaban muy lejos de la fuente. Se habían alejado de Dios. Jesús estaba hablando directamente a sus corazones y dándoles una ilustración 3D de su condición verdadera. Su dinero, prestigio, y independencia los separó del Señor. Estaban ciegos por su orgullo.

Sin embargo, Jesús nunca nos ha dejado ni nos dejará solos en nuestro error. Él siempre ofrece la redención a sus hijos. Él siempre hace un camino de regreso a Él posible. Jesús enseña esto a sus hijos apartados cuando Él dice, "Por eso te aconsejo que de mí compres oro refinado por el fuego, para que te hagas rico; ropas blancas para que te vistas y cubras tu vergonzosa desnudez; y colirio para que te lo pongas en los ojos y recobres la vista." (Apoc. 3:18). Jesús siempre nos hace un camino de regreso para nosotros poder tener una relación con Él. Su amor es real. Por eso Él dice, "Yo reprendo y disciplino a todos los que amo. Por lo tanto, sé fervoroso y arrepiéntete." (Apoc. 3:19). Nunca es muy tarde. Siempre hay una esperanza. Jesús quiere restaurar tu relación con Él. Él quiere estar cerca de ti y quiere que tú estés cerca de Él. Él es el Dios de segunda oportunidades. Él quiere hacerlo mejor que nunca. Él está listo para un comienzo fresco contigo. Jesús dice, "Mira que estoy a la puerta y llamo. Si alguno oye mi voz y abre la puerta, entraré, y cenaré con él, y él conmigo." (Apoc. 3:20). Tal vez estás pensando que estás muy lejos de Cristo y es muy tarde. Eso no es verdad. Nunca estás demasiado lejos de Dios. Puede ser que sientes que has estado independiente tanto tiempo que Dios ya no quiere una relación contigo. Jesús está tocando tu puerta. Él te está llamando. Abre la puerta. Déjalo entrar. Comienza tu relación de nuevo con el Señor ahora mismo y permítelo ser victorioso en tu vida.

Cuando era pequeño, una de mis partes favoritas del día era cuando mi familia y yo nos sentábamos juntos a ver televisión. Yo entraba a la casa de jugar afuera, comía, y me bañaba. Entonces la familia entera eventualmente llegaba a la sala a ver nuestro programa favorito. En aquel entonces veíamos los primeros episodios de programas como "Chavo del Ocho," "Star Trek," y "I Love Lucy" en uno de los tres canales locales. Mi lugar favorito para sentarme y ver televisión era en el sillón reclinable, marca Lazy-Boy, de mi papá. Mi mamá tenía su sillón también. Mi hermana estaba en el sofá, y mi hermano en el piso mientras Papi y yo nos sentábamos en el sillón reclinable juntos. Nos sentábamos tan apretados juntos que podía escuchar cada suspiro de él. Todavía me acuerdo como él olía.

Aquellos eran los días de que nunca se me va a olvidar. Desafortunadamente, no puedo sentarme en muchos sillones con otra persona hoy en día. Creo que los sillones reclinables son más pequeños. No estoy seguro. Sin embargo, estoy ansioso ver el día en que voy a poder sentarme en un sillón con mi Salvador. ¿Y tú? De acuerdo a la Escritura, tenemos una invitación especial de Jesús. La Biblia dice, "Al que salga vencedor le daré el derecho de sentarse conmigo en mi trono, como también yo vencí y me senté con mi Padre en su trono." (Apoc. 3:21). Eso es algo de que anhelo ser parte.

Aplicaciones en el Hogar

¿Hay un lugar cerca de tu casa donde te gusta ir que te ayuda sentirte más cerca del Señor? Antes de que se acabe este día, haz una cita contigo mismo. Busca tu agenda y entre los próximos siete días saca un tiempo para apartarte de todo. Solamente lleva tu Biblia. Utiliza tu tiempo para leer algunos de tus versículos favoritos, un pasaje que escuchaste en una predica hace poco, o solamente lee algo a la sal. La meta es tomar un tiempo asolas con Dios para acercarte más a Él.

Día 9

Por lo tanto, hermanos, ustedes que han sido santificados y que tienen parte en el mismo llamamiento celestial, consideren a Jesús... (Heb. 3:1)

"Una investigación reciente es evidencia que, cuando se trata de la crianza de los niños, hay más que se detecta que lo que se enseña."
— Mary Rettig

¿Qué te aguanta?

¿Qué pasaría si yo te dijera que la tierra es plana? No me creerías, ni yo mismo me creería. Sin embargo, si tú vivías antes del siglo 15 no habrá duda en tu mente que la tierra fuera un disco volador. Nadie retó ese pensamiento hasta que llegó Cristóbal Colón. El no estaba convencido de la justificación de los dichos expertos. En 1492 él fue adonde el rey y reina de España y pidió barcos, dinero y hombres para refutar la idea que la tierra era plana. La corona accedió a su petición, y como bien sabes, "el resto de la historia." ¿Pero nunca quisiste saber de donde Colón sacó esa idea brillante que el planeta era una bola y no un disco? Dios se lo dijo. En Isaías 40:22 la Biblia dice, "Él reina sobre la bóveda de la tierra, cuyos habitantes son como langostas." La palabra círculo literalmente significa, "esfera." El poder de la Escritura alteró el pensamiento de la humanidad. Por más de 7,000 años la gente creía que vivíamos en una tortilla. Por más de 7,000 años la gente tenía miedo de aventurarse muy lejos de la seguridad de la tierra por miedo a ir por el borde y caerse del mundo. Una idea. Una creencia. Un pensamiento cautivó a la gente por miles de años. Eso es una nueva perspectiva de cuan poderosos pueden ser los pensamientos.

El Poder de los Pensamientos

Nuestros pensamientos son realmente poderosos. Las cosas que pensamos son el fundamento de nuestras vidas. Nuestros pensamientos preparan el curso y dirección de nuestras vidas. Se ha dicho,

- *Cuida tus pensamientos; se convierten en palabras.*
- *Cuida tus palabras; se convierten en acciones.*
- *Cuida tus acciones; se convierten en hábitos.*
- *Cuida tus hábitos; se convierten en carácter.*
- *Cuida tu carácter; se convierte en tu destino.14*

¿Viste la secuencia? Por eso es que Dios tiene mucho que decir acerca de los pensamientos de sus hijos. De hecho, Jesús no necesita hablar acerca de la importancia de nuestros pensamientos. Un día, mientras Jesús predicaba en el Monte de Olivos, Él dijo, "Ustedes han oído que se dijo: 'No cometas adulterio.' Pero yo les digo que cualquiera que mira a una mujer y la codicia ya ha cometido adulterio con ella en el corazón" (Mat. 5:27-28). Tal vez estás diciendo, "Bueno, yo estoy seguro con esto; Yo nunca he hecho nada así." Vamos a mirarlo más de cerca. Mira como Jesús interpreta lo que dijo. Él utilizó la palabra "mira" como una palabra de acción. Él no usó la palabra dice o actúa. Jesús específicamente dijo "mira." Entonces para más énfasis Él sigue con la frase "adulterio con ella en el corazón" (Mat. 5:28b). Eso es un pecado bastante serio. Jesús va para atrás al Antiguo Testamento para sacarlo y con buena razón. Mira cuando pones a los dos juntos no tienes que mover un músculo para cometer adulterio. No tienes que estar en un lugar en particular. No tienes que estar haciendo una actividad específica. De hecho, puedes tener pensamientos lujuriosos en los confines de tu cabeza. Resulta que nadie sabrá Nada excepto tú y el Señor. Básicamente, Jesús está enseñando cuan sencillo es pecar con solamente tus pensamientos. Eso es poderoso.

Hay varios versículos y pasajes en la Palabra de Dios que nos ayuda a entender la importancia de controlar nuestros pensamientos. La Biblia dice, "Destruimos argumentos y toda altivez que se levanta contra el conocimiento de Dios, y llevamos cautivo todo pensamiento para que se someta a Cristo." (2 Cor. 10:5). Si no cautivamos a nuestros pensamientos, pueden convertirse en palabras, acciones y hábitos inapropiados y puede íntimamente reflejarse en nuestro carácter. Pensamientos malos tienen el potencial para guiarnos por un camino que afectará a nuestras vidas enteras. Por eso la Biblia dice, "Concentren su atención en las cosas de arriba, no en las de la tierra," (Col. 3:2). Dios desea que sus discípulos lo pongan a Él primero en todo aspecto de sus vidas, especialmente su forma de pensar, porque los pensamientos tienen poder.

El Poder de las Palabras

Las palabras que usamos fluyen naturalmente de nuestros pensamientos. Las palabras que se hablan tienen la capacidad de promover el mayor bien o causar el mayor daño. La Escritura habla mucho de las palabras que usamos. Una vez más Jesús dice, "De la abundancia del corazón habla la boca." (Mat. 12:34b). Jesús estaba diciendo que la gente habla acerca de lo que está lleno su corazón. Después de decir eso, el Señor dijo algo alarmante. Él dijo, "Pero yo les digo que en el día del juicio todos tendrán que dar cuenta de toda palabra ociosa que hayan pronunciado." (Mat. 12:36). Piensa en eso por un momento. Jesús simplemente está diciendo que cada persona tendrá que explicar la intención de cada palabra que ha dicho cuando se para frente a Dios. Eso es enorme. Santiago, el medio hermano de Jesús, también dijo, "Si alguien se cree religioso pero no le pone freno a su lengua, se engaña a sí mismo, y su religión no sirve para nada." (St. 1:26). Dios toma en serio las palabras que usa la gente. La gente sabe si la fe es real para una persona solamente por escuchar las palabras que habla. Cada palabra es importante. Resulta que los padres que tienen más autoridad en la vida de un niño tienen que tener mucho cuidado con el uso de sus palabras. Cuando los padres no usan sus palabras apropiadamente, dan permiso a sus hijos seguir su ejemplo.

La Biblia dice en Colosenses 3:8, "Pero ahora abandonen también todo esto…lenguaje obsceno." Los padres cristianos necesitan considerar cada palabra que dicen en sus hogares. Jergas, palabras vulgares, palabras feas y chistes sucios no tienen lugar en la vida de un creyente. Los niños son muy rápidos para imitar las palabras y frases que usan los padres. Los padres necesitan entender que cuando usan palabras y frases impuros dan permiso a sus hijos hacer lo mismo.

Vamos a dar un paso más. Los niños pueden interpretar exageración, promesas falsas, y omisión de la verdad como comportamiento aceptable. Cuando los niños escuchan a sus padres exagerar sus historias, no cumplir con sus promesas, o dar información falsa, causa confusión en sus mentes. La Biblia dice, "Dejen de mentirse unos a otros, ahora que se han quitado el ropaje de la vieja naturaleza con sus vicios." (Col. 3:9). Muchos niños saben por instinto que mentir es malo. Los padres deben establecer las normas adecuadas y ejemplos en sus hogares. Cuando los padres no cumplen una promesa o exageran la verdad, les están dando permiso a sus hijos copiar su comportamiento. Recuerde que más se detecta que se enseña.

¡Las palabras son poderosas! Pablo dice, "Pero ahora abandonen también todo esto: enojo, ira, malicia, calumnia y lenguaje obsceno." (Col. 3:8).

Cuando los padres cristianos usan palabras de enojo, tienen un espíritu crítico, o gritan en una voz alta o con un tono duro, puede causar un sin número de problemas. Los padres pueden hacer que sus hijos se sienten indignos, tímido, inseguro, y cohibidos cuando hablan a ellos de esta manera. Los padres nunca deben menospreciar a otros. Son ordenados a: "anímense y edifíquense unos a otros, tal como lo vienen haciendo." (1 Tes. 5:11). Por eso la Biblia pide a cada creyente, especialmente a los padres, "Abandonen toda amargura, ira y enojo, gritos y calumnias, y toda forma de malicia." (Ef. 4:31). Cuando los padres no usan sus palabras sabiamente, están dando su consentimiento para que sus hijos hagan lo mismo. Los padres necesitan controlar su forma de hablar y considerar, "enseñamos mejor a los niños cuando practicamos 'siendo lo que queremos ver' en ellos."15

El Poder de las Acciones

La frase antigua, "las acciones hablan más fuerte que las palabras" es extraordinariamente verdadera. Los niños ponen a las acciones de sus padres bajo un microscopio cada vez que vean una oportunidad. Están constantemente buscando ver consistencia y autenticidad. A la misma vez, están buscando a alguien para imitar también. El comportamiento de un padre cristiano debe constantemente demostrar características ejemplares.

Pablo, cuando él habló a los creyentes de Corinto, dijo, "Ya sea que coman o beban o hagan cualquier otra cosa, háganlo todo para la gloria de Dios." (1 Cor. 10:31). En el contexto de este verso, Pablo estaba acordándoles a los creyentes más maduros de la iglesia que necesitaban ser un buen ejemplo a los judíos, griegos y nuevos seguidores de Jesucristo. En otras palabras, él estaba ordenando a los creyentes establecidos a comportarse apropiadamente especialmente cuando estaban con gente que oponía sus creencias, eran indiferentes o creyentes jóvenes. Pablo claramente exhorta a los padres exhibir acciones apropiadas dondequiera que estén. Mientras los padres interactúan con la comunidad, amigos y familia, tienen que hacerlo de manera que honra a Dios. Los niños quieren escuchar y ver que las vidas de sus padres concuerdan con los estándares de la vida que Dios exige porque "enseñamos lo que sabemos, reproducimos lo que somos."16

Pablo instruía a los creyentes compañeros en su conducta. En capítulo 3 de Colosenses, él exhortó a los cristianos que permitieran a Cristo ser su guía, ser agradecidos por lo que dios ha hecho en sus vidas, permitir que la Palabra viva en ellos, y edificar a Cristo y la Iglesia. El concluyó sus mandatos cuando dijo, "Y todo lo que hagan, de palabra o de obra, háganlo en el nombre del Señor Jesús, dando gracias a Dios el Padre por medio de él." (Col. 3:17). Para los cristianos, no importando que digan o hagan, debe ser considerado una acción a y para el Señor. William Barclay lo puso de otra manera cuando dijo, "Una de las mejores pruebas de una acción es: ¿Lo puede hacer una persona clamando al nombre de Jesús? ¿Lo puede decir mientras pide por su ayuda? Una buena prueba para lo que se dice es: ¿Puede uno decirlo, y en el mismo suspiro, decir el nombre del

Señor Jesús? ¿Puede uno decirlo acordándose que Jesús lo escucha o pedirle escucharlo?"17 Toda acción tiene que estar conectada con el nombre de Jesucristo. En una situación donde la acción de un padre cristiano no concuerda con la Biblia, un niño ve una oportunidad para comprometer. Los padres no pueden negociar en esta área. Hay que obedecer este mandato. Pablo vivía este mandato en su vida, y él exhortó a los padres hacer lo mismo hoy.

Eso es porque fue capaz de decir, "Les ruego que sigan mi ejemplo." (1 Cor. 4:16). Los niños quieren escuchar y ver las vidas de sus padres concordar con la Palabra de Dios porque están buscando a quien imitar en sus vidas.

La Solución de Dios

Yo sé que la discusión hoy ha sido una montaña de información. Pero vamos a ir para atrás un momento. Es posible que te hayas sentido un poco sobrecargado por algunas cosas mencionadas. Tal vez estás diciendo, "Cada día veo a mi hija con los mismos pensamientos acerca de ella misma que tengo yo. Escucho a mi hijo usando las mismas palabras y frases que uso yo, malas y buenas, todo el tiempo. Siempre me asombro por cuanto mis hijos imitan a las acciones de sus padres. El problema es que no sé controlar mis pensamientos, palabras o acciones. ¿Cómo puede un padre ocupado resolver todo esto? ¿Es posible?" La respuesta sencilla es sí. Pero solamente se puede cumplir de una manera, y eso es por medio de la Palabra de Dios.

En el libro de Proverbios el hombre más sabio en la historia dijo, "Por sobre todas las cosas cuida tu corazón, porque de él mana la vida." (Prov. 4:23). Nota como el hombre más sabio entendió que todo lo que hacemos viene del corazón. Eso significa que tus pensamientos, palabras y acciones vienen de tu corazón. Se trata del corazón. ¿Necesitas un cambio en tu corazón? Permíteme preguntarte, ¿estás listo para que Dios te haga una operación de corazón? ¿Estás dispuesto dejarlo a Él remover la obscuridad de tu pasado que te ha causado tanto dolor? ¿Dejarás al Señor reparar el daño que ese dolor te ha causado y cicatrices que te ha dejado? ¿Puedes darle a Dios acceso a las áreas dañadas de tu vida que has tratado de tapar y esconder? Estas son las cosas que se han acumulado todos estos años y están causando tantos problemas en tu vida ahora. ¿Por qué te quedas con estas cosas? ¿Vale la pena? Míralo por los ojos de tus hijos y pregúntate la misma pregunta otra vez. ¿No es tiempo dejar ir a ese dolor, daño, y rompimiento del pasado y comenzar de nuevo? Si no ahora, ¿entonces cuando? Tus hijos necesitan esto casi tanto como tú.

Aplicaciones en el Hogar

Hoy discutimos el poder tremendo de nuestros pensamientos, palabras y acciones. Aquí hay un ejercicio mental que tomará concentración y esfuerzo serio de tu parte. La Biblia dice en 1 Tesalonicenses 5:11, "Por eso, anímense y edifíquense unos a otros, tal como lo vienen haciendo." O hoy o mañana, intencionalmente saca tiempo de tu día para vivir este verso. Durante el día, busca manera de exhortar, alagar o expresar adoración a cada persona con quien hablas. La razón es sencilla. Esto te ayudará a enfocar tus pensamientos, animar a otros con tus palabras, y demostrar acciones de amor con los demás.

Día 10

Más bien, crezcan en la gracia y en el conocimiento de nuestro Señor y Salvador *Jesucristo. ¡A él sea la gloria ahora y para siempre! Amén. (2 Pd. 3:18)

"Si tu visión es por un año, siembra trigo.
Si tu visión es por diez años, siembra árboles.
Si tu visión es por una vida, siembra personas."
— Proverbio Chino

¿Qué sueñas para tus hijos?

Bill Hybels, pastor de la Iglesia de la Comunidad Willow Creek, cuenta una historia en su libro, Who You Are When No One's Looking (Quien Eres Cuando Nadie Está Mirando). El escribió,

Comenzó como muchas noches anteriores. Papá y Mamá en casa y Jimmy jugando después de la cena. Papá y Mamá estaban ocupados con trabajos y no se dieron cuenta de la hora. Había una luna llena y parte de la luz entraba por las ventanas. Entonces Mamá miró al reloj. "Jimmy, es tiempo para acostarte. Vete a tu cuarto ahora y vengo ya mismo a arroparte." No fue normal, pero Jimmy fue directo a su cuarto. Más o menos una hora más tarde su mamá fue a verificar si todo estaba bien, y se asombró encontrar a su hijo silenciosamente mirar por la ventana a la vista celestial. "¿Qué estás haciendo, Jimmy?" "Estoy mirando a la luna, Mami." "Bueno, es tiempo para acostarte ya." Mientras se acostaba, él dijo, "Mami, sabes que algún día yo voy a caminar sobre la luna." ¿Quién sabía que ese niño en quién el sueño fue sembrado esa noche hubiera sobrevivido un accidente fatal de motora la cual rompió casi cada hueso de su cuerpo, y llevaría acabo ese sueño 32 años más tarde cuando James Irwin pisó la superficie de la luna, como uno de solo 12 representantes de la raza humana ha logrado hacer? 18

Los sueños son poderosos. ¿Qué sueños tienes para tus hijos en el futuro? En otras palabras, ¿qué es tu visión para ellos? No quiero decir cual deporte quieres que jueguen. No estoy hablando acerca de cuál universidad asistirán. Ni estoy diciendo algo acerca de la carrera que tú quieres que tengan. Todo eso es pequeño. Sueña en grande. Yo estoy hablando de cosas mucho más grandes. Cosas eternas. Permíteme hacerte la pregunta de otra manera: ¿Cuál es tu "visión del reino" para tus hijos?

Un día nos pararemos delante del Señor. La Biblia dice en Romanos 14:12, "Así que cada uno de nosotros tendrá que dar cuentas de sí a Dios." Eso es un pensamiento relajante. Hay muchas áreas de mi vida que estoy ansioso poder discutir con Dios. Sin embargo, hay una parte de mi vida que quiero trabajar fuertemente y dar lo mejor de mi ahora porque yo sé que el día de "dar cuentas" (Rom. 14:12) viene. Criar a mis hijos es esa área. De hecho, me atrevo decir que es un área así de importante en tu vida también. El día que me encuentro a Jesús cara a cara, quiero escucharlo decir, "¡Hiciste bien, siervo bueno y fiel!" (Mt. 25:21). Para que pase eso, yo sé que necesito buscar el rostro de Dios más que nunca par aver lo que Él desea para mis hijos. Pero antes que eso, yo sé que mi relación con el Señor viene primero. ¿Y tú?

Visión

¿Qué es visión? John Maxwell es uno de mis autores y oradores favoritos. El es uno de esos hombres que permito hablar a mi vida. Maxwell es un hombre lleno de sabiduría y experiencia. Yo voy adonde él para consejo espiritual para casi cada asunto, especialmente cuando se trata de visión. El ha dicho:

- *Visión es previsión con perspicacia basado en retrospectiva.*
- *Visión es ver lo invisible y hacerlo visible.*
- *Visión es un puente informado del presente hacia un mejor futuro.*
- *Visión es una imagen realizada en el ojo de tu mente de las cosas como podrían o deberían estar en los próximos días.*
- *Visión connota una visión de la realidad visual, un retrato de un futuro deseado.19*

Visión es importante. Permíteme ser franco y hacerte unas preguntas difíciles. ¿Te gustaría ver a tus hijos aceptar a Cristo en sus vidas? ¿Quieres verlos vivir por fe en una manera que le agrada a Dios? ¿Y qué de verlos en el cielo algún día y vivir con ellos por la eternidad? Yo voy a asumir que contestaste "sí" a cada pregunta. ¿Puedes imaginar cómo se ve eso? Eso es una visión del reino. Ahora permíteme hacerte una pregunta aún más difícil. ¿Qué vas a hacer hoy para hacer ese futuro una realidad? No puedes decir que sí a esas preguntas y esperar que tu visión del reino suceda solo. Tienes que comenzar hoy a construir estratégicamente un fundamento sobre los principios bíblicos y hacia esa visión del reino cada día. Tienes que tomar una decisión, estar determinado e ir la distancia.

Fundamento de la Visión del Reino

Vamos a repasar los últimos días para construir un fundamento seguro de la visión del reino. Tenemos que hacer una pregunta sencilla pero grande. ¿Es posible crecer en tu relación con Cristo aparte de la Biblia? No, no lo es. Sin la Palabra de Dios en tu vida, ¿Cómo vas a guiar a alguien hacia donde nunca has ido?

Leer la Biblia no es difícil, pero necesita tomar la decisión. ¿Alguien te ha preguntado esto, "¿Cómo comes a un elefante?" La respuesta por supuesto es "un mordisco a la vez." Eso es exactamente el mismo enfoque que tebes tener con la lectura de la Biblia – un mordisco a la vez. Pero tienes que decidir comenzar. Después necesitas determinación. Esté determinado que nada te va a detener de acercarte más a Dios. Esté determinado que no importando que necesites, no vas a dejar que nada se interponga de tu tiempo con Dios. Haz una cita. Establece una hora y mantenla. Por fin, ve la distancia. Esté en el para largo plazo. Choca con el cielo corriendo. Tal vez te vas a tropezar o caer, pero levántate y sigue la carrera. La visión del reino vale la pena. Tu hijo vale la pena. Al pasar los años he hablado con varias personas acerca de su relación con el Señor. Demasiado a menudo encuentro a mucha gente corriendo de Dios, no corriendo hacia Él. Por mucho, la razón primordial porque una persona siente que su relación con el Señor está muerta o alejándose es por el pecado. La tentación puede chupar lo mejor de nosotros, y como resultado, nos rendimos al pecado. Como seguidor de Cristo, el Espíritu Santo no se va a quedar quieto por un minuto. Él comienza a presionarte y molestarte para hacerte arrepentirte con Dios. Por eso la Biblia dice,

Hijo mío, no tomes a la ligera la disciplina del Señor ni te desanimes cuando te reprenda, porque el Señor disciplina a los que ama, y azota a todo el que recibe como hijo… Dios los está tratando como a hijos. ¿Qué hijo hay a quien el padre no disciplina? Si a ustedes se les deja sin la disciplina que todos reciben, entonces son bastardos y no hijos legítimos.
(Heb. 12:5b-6, 7b-8)

Tal vez esto suena raro, pero es algo bueno. Dios está demostrando su verdadero amor para ti. Él solo quiere lo mejor para ti. Por eso es porque el Espíritu Santo es implacable. Dios quiere erradicar el pecado de tu vida. Dios quiere que tú vengas a Él y reconozca que tu pecado es malo de acuerdo a su estándar. Entonces Él quiere que le pidas perdón, que aceptes su libertad, y que des al Espíritu Santo todo el control de tu vida. Sin embargo, a veces la gente quiere acortar el plan de Dios. Piden perdón pero se aferran a la culpa del pecado. En otras palabras, no se perdonan a ellos mismos. Al pasar el tiempo, una persona puede sentirse indigno de la libertad de Dios. Resulta que una montaña de culpa lo inunde, y su relación se estanca y se vuelve rancio. A Satanás le encanta esto. ¿Nunca te has sentido así? ¿Quieres que tus hijos crezcan de esta manera? Si la culpa te ha agotado hasta no sentir a Dios en cualquier lugar, tengo buenas noticias para ti.

Dios nunca quiere que sus hijos vivan ni con un poco de culpa. Por eso es que es tan importante para un seguidor de Cristo entender dos verdades muy importantes de Dios: su perdón y olvido. En 1 Juan 1:9 la Biblia dice, "Si confesamos nuestros pecados, Dios, que es fiel y justo, nos los perdonará y nos limpiará de toda maldad." Dios dice que perdonará el pecado genuinamente confesado. No hay excepciones. Entonces Dios hace cuatro cosas con nuestro pecado confesado. Remueve nuestro pecado tan lejos que es el este del oeste. Nos limpia tan blanco como la nieve. No vuelve a recordar de nuestro pecado. Dios tira nuestro pecado al mar del olvido. Eso es libertad. Decide hoy aferrarte de esta verdad. Esté determinado vivir en esta verdad. Necesitas esto y también tus hijos. Y oh, dicho sale de paso, si Dios te ha perdonado, ¿Quién eres tú para no perdonarte a ti mismo?

¿Te acuerdas de Rey David? La Biblia dice, "He encontrado en David, hijo de Isaí, un hombre conforme a mi corazón; él realizará todo lo que yo quiero." (Hechos 13:22b). ¿Te acuerdas que era un adultero, asesino y un mentiroso? No solo eso, él no fue el mejor padre que ha conocido el mundo. Pero Dios se aseguró que David siempre fuera conocido como un hombre conforme a su corazón. ¿Por qué lo mencionó otra vez? Sencillo. No importando cuán lejos estés de Dios, siempre hay esperanza. Tú tienes esta esperanza. Tú y tus hijos necesitan que tú vayas la distancia y vivas con esta esperanza. Eso es como se construye un fundamento de una visión del reino.

Uno de los restaurantes favoritos míos y de Sherry es Carrabba's (un restaurante italiano). Nos encanta salir sin los niños para pasar el tiempo junto. Siempre es una noche especial cuando podemos compartir una comida en un lugar así. Tener una comida silenciosa juntos es una de las cosas más íntimas que una pareja puede hacer. Para poder construir el fundamento de una visión del reino para tus hijos necesitas esta misma intimidad con el Señor. Como un caballero perfecto, Cristo silenciosamente nos invita experimentar intimidad con Él. Él está parado en la puerta de tu corazón. Él está suavemente tocando tu puerta, no tumbándotela. Él simplemente te está pidiendo permiso entrar y comer contigo. Íntimamente, Santiago dice, "Acérquense a Dios, y él se acercará a ustedes." (Stg. 4:8). Tal vez estás pensando que estás muy lejos de Cristo y que es muy tarde. Eso no es verdad. Nunca estás muy lejos de Él. Tal vez te sientes que has estado muy independiente por tanto tiempo que Dios ya no quiere una relación contigo. ¡Equivocado otra vez! Jesús está persistentemente tocando suavemente. Él te está llamando. Tú eres su hijo. Abre la puerta. Déjalo entrar. Toma la decisión hoy para renovar tu relación con el Señor. Permítelo ser victorioso en tu vida. Entonces esté determinado dejar a tus hijos verte y experimentar el gozo que tienes en tu relación con el Señor.

Para asegurar esa victoria en tu vida, hay algunas cosas muy importantes para considerar. No dejes que tus pensamientos, palabras y acciones se vuelvan locos en tu vida. Tal vez necesitas hacer unos cambios. Los cambios son la especialidad de Dios. Él siempre da segundas oportunidades. Si no me crees, pregúntale a Abraham, Moisés, David, Jonás, Pedro y Pablo para nombre pocos. Ellos eran hombre que se aprovechaban de la ofrenda de Dios. Dios entonces los utilizó en maneras extraordinarias. Paul Harvey fue preguntado por un comentador radial, "¿Qué es el secreto de tu éxito?" Harvey contestó, "Me levanto cuando me caigo."[20] Esa determinación va la distancia. Las visiones del reino son construidos sobre estos principios. Construir es difícil. ¿Vale la pena para ti?

¿Sabías que podrías comprar una barra de 12 pulgadas de acero sólido por $5? Tal vez no son noticias para ti, pero vamos a decir que tomas la barra de acero y lo picas en dos pedazos, las calientas, y las doblas para hacer dos herraduras. El valor de la barra de acero de $5 ahora vale $10. Si tomas la misma barra de acero de $5, la puedes cortar, maquinar y afilar cada pedazo para hacer diez cuchillos. El valor de la barra de acero de $5 ahora vale $50. No nos detengamos ahí. Vamos a decir que tomas a esa misma barra de acero de $5, y calientas, haces presión, rodas, y cortas el metal en 200 pedazos pequeños para hacer llaves. Ahora el valor de esa barra de $5 vale $100. Considera tomar unos pocos pasos más. Si calientas, haces presión, rodas, y maquinas el acero con equipo de precisión, puedes convertir una barra de acero en 10,000 resortes de reloj. Esa barra sencilla de acero de $5 ahora vale $500. Lo que haces con el acero determina su valor. Lo más detallado el proceso, lo más que sube el valor. ¿Cuán fuerte estás dispuesto a trabajar para sacar el más valor de tu visión del reino?

Aplicaciones en el Hogar

Hablamos en Día 5 acerca de tener a alguien en tu vida que sea tu compañero de responsabilidad, un mentor o un gerente de vida en las cosas espirituales. Acerca de la lectura de los últimos días permíteme hacerte unas preguntas personales. ¿Ya tienes uno? Si lo tienes, perfecto! Si no, ¿estás buscando al Señor por instrucción? Esta es la razón por la cual te pregunto. Los últimos cinco días de lectura han tenido mucho que ver con tu relación personal con el Señor. Tener un compañero de responsabilidad, mentor o gerente de vida te puede ayudar de muchas maneras a mantenerte enfocado y en un buen camino de crecimiento. Júntate con alguien lo más pronto posible, y pídele ayudarte con las cosas con que estás luchando. Un día tus hijos te agradecerán.

LIDERAZGO ESPIRITUAL EN EL HOGAR

Lee Esto Primero – Intro de Semana 3...

Antes de que un edificio muy alto pueda tener una oportunidad de mantenerse firme primeramente tiene que tener un fundamento sólido. El mismo principio aplica al discipulado. Ya que ves la importancia de hacer tu relación personal con el Señor una prioridad, tal vez la frase "enseñamos lo que conocemos, reproducimos lo que somos"1 tiene un significado un poco diferente.

La lectura de esta semana va a ser una transición. Vamos a tomar lo que has leído en las últimas dos semanas y poner estos principios en acción. Nuestro trayecto continuará mientras discutimos lo que dice la Biblia acerca del liderazgo espiritual en el hogar. Para ser más específico, vamos a explorar maneras para guiar a nuestras familias a Dios y en una relación más profunda con Él. Como un padre, no hay mayor responsabilidad. Como guiamos a nuestra familia hoy tiene el potencial para cambiar el trayecto del futuro de nuestros hijos. ¿Cuán lejos llega eso? Solo sabe el Señor; sin embargo, el liderazgo espiritual en el hogar es la voluntad de Dios para ti. Por eso es que es tan importante que tomemos esta responsabilidad de su manera.

Y volvió otra vez Jesús a Caná de Galilea, donde había convertido el agua en vino. Había allí un funcionario real, cuyo hijo estaba enfermo en Capernaúm. Cuando este hombre se enteró de que Jesús había llegado de Judea a Galilea, fue a su encuentro y le suplicó que bajara a sanar a su hijo, pues estaba a punto de morir. 'Ustedes nunca van a creer si no ven señales y prodigios,' le dijo Jesús. 'Señor,' rogó el funcionario, baja antes de que se muera mi hijo. 'Vuelve a casa, que tu hijo vive,' le dijo Jesús. El hombre creyó lo que Jesús le dijo, y se fue. Cuando se dirigía a su casa, sus siervos salieron a su encuentro y le dieron la noticia de que su hijo estaba vivo. Cuando les preguntó a qué hora había comenzado su hijo a sentirse mejor, le contestaron: Ayer a la una de la tarde se le quitó la fiebre. Entonces el padre se dio cuenta de que precisamente a esa hora Jesús le había dicho: «Tu hijo vive.» Así que creyó él con toda su familia. Ésta fue la segunda señal que hizo Jesús después de que volvió de Judea a Galilea. (Jn. 4:46-54)

"Si no tienes suficiente tiempo para tus hijos puedes estar 100% seguro que no estás siguiendo la voluntad de Dios para tu vida."
— Rodney Cooper

Día 11

Vengan, hijos míos, y escúchenme, que voy a enseñarles el temor del Señor. (Sal. 34:11)

"Para estar en los recuerdos de tus hijos mañana, tienes que estar en sus vidas hoy."
— Anónimo

¿Cómo estás comprometido con tus hijos?

Mike y Natalie, una pareja muy piadosa que tuve el privilegio de casar hace unos años, llevaba un tiempo casados y no podían esperar a tener un bebé. Obviamente, cuando se enteraron que iban a tener a un varón estaban muy emocionados. Durante la anticipación del proceso de nueve meses, Mike y Natalie se ocupaban en preparar el cuarto del bebé. Sin embargo, esto no era una preparación normal de la habitación. Mike era un ávido fanático del equipo de béisbol de los Yankees de Nueva York (Grandes Ligas), y su hijo también sería…queriéndolo o no. Pintaron el cuarto del nuevo bebé los colores oficiales: azul marino y blanco. La decoración estaba llena de logos y parafernalia de los Yankees. La corcha, decoración de pared, almohadas, zafacón, sillón, fotos, hasta el móvil que colgaba encima de la cuna rindió homenaje al equipo. El lugar era un santuario para los Bronx Bombers (Bomberos del Bronx-Apodo del equipo). No había nada en el cuarto que el fallecido George Steinbrenner (dueño del equipo de 1973-2010) no habría estado orgulloso. Tal vez tú puedes identificar con Mike y Natalie y tienes una historia que rivaliza con su destreza diseño de interiores. Por otro lado, tal vez te sientas como si hiciste bien sólo conseguir la habitación del bebé juntos antes de que él o ella llegó. Independientemente, la mayoría estaría de acuerdo en que los proyectos de preparación de cuarto son un distante segundo lugar en comparación con la misión que Dios les ha dado a todos los padres. A pesar de que el hijo de Mike y Natalie se espera que crezca hasta convertirse en un fan de los Red Sox (equipo rival de los Yankees), sabiendo del celo por Cristo de su mamá y papá, vivirá en un hogar que enseña acerca del Señor y de Su Hijo.

María y José querían ser padres impresionantes, al igual que Mike y Natalie. Ellos deseaban enseñar a su hijo también. Con todo su corazón, querían mostrarle cómo entrar correctamente en la presencia del Señor. Estaban decididos a proveerle todo lo que Jesús necesitaba para que pudiera convertirse en el hombre con quien se complace el Padre Celestial.

Es seguro decir que María y José hicieron un excelente trabajo en la crianza de su hijo. Dicho esto, podemos aprender algunas cosas de esta gente enormemente bendecida. La Biblia tiene poca información acerca de la infancia de Jesús. Sin embargo, Lucas arroja un pequeño rayo de luz sobre la vida temprana de Cristo. La Biblia dice,

Después de haber cumplido con todo lo que exigía la ley del Señor, José y María regresaron a Galilea, a su propio pueblo de Nazaret. El niño crecía y se fortalecía; progresaba en sabiduría, y la gracia de Dios lo acompañaba. Los padres de Jesús subían todos los años a Jerusalén para la fiesta de la Pascua. Cuando cumplió doce años, fueron allá según era la costumbre. Al cabo de tres días lo encontraron en el templo, sentado entre los maestros, escuchándolos y haciéndoles preguntas. Todos los que le oían se asombraban de su inteligencia y de sus respuestas.
(Lc. 2:39-42, 46-47)

Aunque se sabe poco sobre la adolescencia de Jesús, hay algunas verdades importantes que podemos aprender de estos versos cortos.

María y José eran buenos ejemplos de lo que dice la Escritura: "Instruye al niño en su camino" (Prov. 22:6a RVR). Es evidente en estos versículos que la vida de Jesús en el hogar lo proveyó con la habilidad de crecer mentalmente y espiritualmente. María y José hicieron, "todo lo que exigía la ley del Señor" (Lc. 2:39). Como los padres de Jesús, estaban dedicados a enseñarle a su hijo correctamente acerca de Dios y su Palabra. David Black dijo, "En el pensamiento judío, la más alta meta de la vida es 'el conocimiento de Dios.' Toda la educación se dirige hacia este fin."[2] Esta verdad es aún más evidente en las Escrituras que describen el viaje a Jerusalén para la Pascua cuando Él tenía doce años de edad. La fiesta había terminado, y la familia y otros iniciaron su largo viaje de vuelta a Nazaret. Una vez que descubrieron que Jesús no estaba en la caravana, María y José regresaron a Jerusalén para encontrar a su hijo.

Antes de entregar a María y José a Servicios Sociales, hay que recordar que las familias viajaban a estas celebraciones en cantidades masivas. Fue una gran fiesta. No sólo eso, era una forma más segura de viajar. Como resultado, el padre y madre de Jesús asumieron que su hijo estaba en medio de la multitud. No tenían motivos para sospechar lo contrario. Además, ¿Crees que tendrías problemas con la obediencia del Hijo de Dios?

Lucas 2:46 dice, "Al cabo de tres días lo encontraron en el templo, sentado entre los maestros, escuchándolos y haciéndoles preguntas." Hay dos cosas muy importantes a tener en cuenta acerca de este evento. Primero, la Escritura describe a Jesús como teniendo un hambre por las cosas espirituales. Lo encontraron en el templo sentado, escuchando, y haciendo preguntas a los profesores. Podemos darles crédito a María y José por esta acción. Eran obviamente obedientes a las exigencias de la Ley, las instrucciones dadas en la Shemá, y Proverbios 22:6 como se veía en las acciones de su hijo. Segundo, es evidente que a Jesús, María y José y tal vez otros le habían enseñado materias acerca de la Escritura. En Lucas 2 verso 47 dice, "Todos los que le oían se asombraban de su inteligencia y de sus respuestas." El hecho de que Él estaba con los maestros el templo y tuvo una conversación con ellos revela que las discusiones espirituales no eran ajenas a Él. Se involucró en un intercambio espiritual con los maestros de la Ley. Obviamente, los padres de Jesús se dedicaron a enseñar correctamente las verdades de la Escritura a su hijo joven.

Participar en conversaciones espirituales con tus hijos pueden ser los momentos más memorables, gratificantes y significativas en la vida de tu familia. Hay un sinnúmero de beneficios específicamente de pasar tiempo en la Palabra de Dios y aprender juntos como una familia. No necesitas un certificado en teología para hablar de la Biblia. Sólo tienes que hablar acerca de Dios. Habla del último sermón que tu pastor predicó. Escoge un versículo para memorizar y habla de ello todos los días. Inicia un momento de devocional con tu familia una vez a la semana. Hay muchas maneras de entrar en la Palabra de Dios, y cada uno de ellos se puede cambiar la vida. ¿No me crees? Vayamos a algunos expertos. Me encontré con un antiguo alumno de mi ministerio de jóvenes. Ella y su esposo tienen dos niños de la edad preescolar. Les pregunté lo que hacen por su tiempo de devocional con sus pequeños. Heather dijo:

En lo de un tiempo de devocional, realmente no tenemos algo que hacemos como una familia. Pero, cada noche antes de acostarnos, John y yo los leemos algo de su Biblia de niños. Como yo les doy clase en casa (home-school), yo incluyo un versículo bíblico para memorizar cada semana en sus lecciones (de preescolar). Durante la semana buscamos diferentes maneras de aplicar el versículo.

No hace mucho, una mamá y un papá se sentían un poco desconectados de su hija adolescente. Yo les reté de comenzar un tiempo de devoción familiar. Le pregunté a la mamá recientemente cómo ella y su marido estaban haciendo con los devocionales de su familia. Shannon dijo:

Van bien. … Realmente he disfrutado de la cercanía que aporta a nuestra familia. Siento que hemos crecido a causa de esto. Por cierto, acabo de ver un nuevo devocional hoy en esa página del Internet que me diste llamado www.dare2share.org. ¡Es muy bueno!

No subestimes el poder del Espíritu Santo cuando le invitan a la vida de su familia. La recuperación de la inversión es eterna.

Una madre piadosa una vez me contó cómo ella pasa unos minutos en la habitación de su hija poco antes de la hora de acostarse. Habla con ella acerca de su día y tiene un devocional corto. Desafortunadamente, su marido no ve la importancia o la necesidad de tener un tiempo de devocional entonces ella lo hace sola.

En el libro de Hechos, la Biblia habla de una mujer llamada Lydia que era una exitosa mujer de negocios. Se le conocía como una adoradora de Dios. En el pasaje, la Biblia no menciona un esposo o hijos. Es posible que fuera viuda y tuvo hijos, pero la Escritura no lo menciona. Sin embargo, la Biblia dice que puso su fe y confianza en Cristo, y "fue bautizada con su familia" (Hechos 16:15a). Esto nos dice mucho acerca de su liderazgo e influencia en las personas que vivían con ella. Estos podrían haber sido empleados o familiares, pero el punto es que ella era una persona que llevó a la gente a Cristo. No importa en qué situación marital que te encuentres, el Señor te espera, como el padre, para entrenar a tu hijo.

Otra cosa que vemos en la Escritura es la dedicación de María y José a los mandamientos de Dios para atender la celebración anual de la Pascua. En Deuteronomio 16:1 la Biblia dice, "Aparta el mes de aviv para celebrar la Pascua del Señor tu Dios, porque fue en una noche del mes de aviv cuando el Señor tu Dios te sacó de Egipto." Los padres de Jesús estaban determinados darle a su hijo cada oportunidad de adorar al Padre Celestial. En Lucas 2:41-42 la Biblia dice, "Los padres de Jesús subían todos los años a Jerusalén para la fiesta de la Pascua. Cuando cumplió doce años, fueron allá según era la costumbre." Cada miembro de la familia participaba en la celebración de la Pascua que fue dirigida por el padre. José se aseguró de que su hijo lo observara guiando a la familia hacia la presencia del Señor y que intercedía en oración por ellos. José, como cabeza del hogar, se convirtió en enlace de su familia al Padre durante la celebración. Estã imagen sería una que más tarde Jesús se mostraría en su propia vida.

¿Qué imagines estás instilando en la vida de tu familia de acuerdo a la adoración? ¿Estás guiando a tu familia en adoración en el hogar y semanalmente? María y José dieron el ejemplo y Dios desea que sigamos sus pasos. Un sinnúmero de estudios indican que cuanto mayor es la prioridad que los padres dan a las cosas espirituales con sus hijos, mayor es la probabilidad que sostengan una relación creciente con el Señor como adultos. En otras palabras, los hábitos que fomentas hoy pueden y muchas veces llevan a cabo cuando están independientes.

Por cierto, hay una cosa más que podemos ver en José de este pasaje. Observamos a José como el guardián de la familia. José se hizo cargo de su joven familia como protector y proveedor. La Biblia dice: "El niño crecía y se fortalecía; progresaba en sabiduría, y la gracia de Dios lo acompañaba." (Lucas 2:40). Para que Jesús creciera y se hiciera fuerte, obviamente su padre cuidaba físicamente de su hijo. José se ganaba la vida como carpintero modesto para que su esposa e hijo pudieran tener lo necesario para vivir. Debido a que José era un buen proveedor, Jesús estaba lleno de sabiduría y la gracia de Dios era sobre Él.

Dudo que esto te sorprenda. Sin embargo, hay algo que debemos conectar. Tenga en cuenta que José se ganaba la vida modestamente a dar a su familia lo que necesitaban. Él tenía el trabajo, el trabajo no lo tenía a él. José nunca aspiró a construir un imperio en torno a sus habilidades de carpintería. Él estaba más interesado en la construcción de su familia en una manera que agradaba al Señor.

Más tarde, José entrenaría a Jesús en el oficio de la carpintería. Era costumbre judía que el padre pase a lo largo de la empresa familiar a sus hijos. Poco sabía José que estaba dando a su hijo las habilidades que se necesitan para ser, finalmente, el principal proveedor de la familia cuando él ya no estaba. José era un modelo cuidador para su familia.

María y José vivían un ejemplo bíblico de criar a los hijos para los padres de hoy. A pesar de que hay tan pocos versos que describen la vida temprana de Jesús, el Señor nos ha dado una mirada profunda en la crianza bíblica. El llamado bíblico a los padres para criar a sus hijos en la manera que deben ir se puede ver claramente en estos pocos versos. Si se lee el pasaje de Lucas 2 casualmente, se puede perder fácilmente el mensaje más profundo. Podemos entender mejor el peso del llamado de María y José cuando se ve a través de las páginas del Antiguo Testamento. Podemos apreciar que José era algo más que un maestro, líder de adoración, y cuidador. José fue un líder espiritual del hogar. ¿Estás preparado para el reto?

Aplicaciones en el Hogar

Esta noche, mientras tus hijos se acuesten, ve a cada uno de sus cuartos y háblales acerca de su día. Lee un devocional corto con ellos. Si no tienes un devocional particular en mente lee Génesis 1:1 y Salmo 19:1. Puedes hablar acerca de cómo Dios es el Creador de todas las cosas. La idea detrás de esta aplicación en el hogar es para que comiences a dialogar con tus hijos. Si ya estás teniendo este tipo de conversación con tus hijos, ¡que bueno! Entonces déjame sugerir un nuevo cambio. En lugar de tú dirigir el tiempo de devocional, pide a uno de tus hijos hacerlo.

Día 12

...tu palabra es la verdad. (Juan 17:17b)

Reportero de Hartford Courant (Periódico): "Dr. Graham, ¿tiene alguna queja sobre su familia?"
Billy Graham (evangelista): "Los he descuidado. He viajado demasiado, escrito demasiados artículos, escrito demasiados libros."

¿Enseñas a tu familia de la Biblia?

Jonathan Falwell es un pastor de la Iglesia Bautista de Thomas Road (Calle Tomás) en Lynchburg, Virginia. El es un pastor ocupado y un hombre piadoso. En agosto 2010, él era un orador invitado a una clase mía en la Universidad de Liberty (Libertad). Yo le pregunté a Pastor Falwell si tenía devocionales con su familia. No me sorprendí cuando él dijo que hace devocionales cada noche con su familia. Entonces Jonathan dijo,

A mi familia le encanta entrar a mi cuarto antes de acostarse para tener devocionales. Nuestros cuatro hijos entran con sus Biblias o Biblias electrónicas en mano. Nos gusta ir por los libros de la Biblia durante nuestro tiempo. Usualmente yo soy el que dirige las discusiones; sin embargo, a menudo animo a uno de mis hijos a dirigir. Esto les da una oportunidad de dirigir la discusión. Todos se gozan de esta parte del día juntos.

Sin lugar a duda, su prioridad es el estudio de la Palabra de Dios como familia.

Tuve otra oportunidad de hablar con un pastor piadoso y muy ocupado y le pregunté si él y su esposa tenían devocionales familiares. James Merritt, pastor de la Iglesia Cross Pointe en Duluth, Georgia, es padre de tres niños ya grandes y fuera de la casa. Dr. Merritt dijo,

Cuando mis tres hijos estaban en casa hacíamos los devocionales familiares durante el desayuno. Siempre estábamos juntos por las mañanas. Aprendíamos y memorizábamos un versículo bíblico junto y hablábamos acerca de ello toda la semana. Cuando mis hijos eran mayores ya, ocasionalmente les daba la oportunidad de dirigir nuestros devocionales mañaneros. Las noches eran especiales también. Cada noche siempre quería orar con ellos antes de acostarse. Creo que la manera más grande que traté de discipular a mis hijos fue a través de ser vivo ejemplo cristiano frente a ellos.

Después de leer estos dos ejemplos, permíteme hacerte unas preguntas. ¿Estos hombres dijeron algo acerca de sacar sus libros teológicos para dirigir los devocionales familiares? ¿Crees que señalaban a sus certificados bíblicos, avanzados en la pared y dijeron a sus hijos, "Así digo yo?" ¿O estaba mandado a sus esposas e hijos sentarse en atención en la sala mientras se paraba sobre la mesa dándole a sus Biblias? No, No, por supuesto que no. Estos hombres no estaban predicando, dando una conferencia, o entrando a un dialogo profundo doctoral. Podrían pero no es necesario.

En el Nuevo Testamento Pablo escribió una carta a su aprendiz joven, Timoteo. El le exhortaba perseverar en su fe y usar los dones que el Señor le había dado para servir a la iglesia. Por un momento, Pablo le acuerda a Timoteo como Cristo le fue introducido a través de dos personas muy especiales. La Biblia dice, "Traigo a la memoria tu fe sincera, la cual animó primero a tu abuela Loida y a tu madre Eunice, y ahora te anima a ti. De eso estoy convencido." (2 Tim. 1:5). La Escritura no dice nada acerca del padre de Timoteo, pero es evidente que estas mujeres compartían su fe con él. Abuela y Mamá tomaron en serio el discipulado.

Estas historias tienen algo en común. Cada una de estas personas ama al Señor, ama a sus familias, y quieren pasar tiempo en la Palabra con sus familias. ¿Esto te describe a ti?

Líder en la Palabra

Tú puedes tener un impacto significativo en la vida de tus hijos cuando pasas tiempo en familia en la Palabra de Dios. Pero, ¿cómo se supone que debes empezar? ¿Qué habla la Escritura acerca de este asunto? Comenzando en el Antiguo Testamento, el profeta o profetisa estaría junto a sus espaldas a Dios delante del pueblo en nombre de Dios y decir: "Esto es lo que dice el Señor." Moisés, Miriam, Elías, Deborah, Jeremías, Hulda, Isaías, y Ana eran personas que escucharon la voz de Dios y declararon su Palabra de verdad al pueblo de Dios. Estos hombres y mujeres eran las brújulas morales a la nación en ese entonces. Ellos fueron los que dictaron al pueblo los valores éticos de la forma en que se supone que vivieran.

En el Nuevo Testamento, la Biblia nos da otro ejemplo. Lucas describe a María y José, los padres terrenales de Cristo, como los principales maestros de la Biblia de Jesús. Lucas 2:40 dice: " El niño crecía y se fortalecía; progresaba en sabiduría, y la gracia de Dios lo acompañaba." El hecho de que Jesús estaba lleno de sabiduría y la gracia de Dios era sobre Él indica que María y José fueron obedientes a enseñar el mensaje de Dios de la verdad a su hijo. Claramente, la Shema era una parte integral de la vida familiar. Jim Burns escribió: "El Shemá ... probablemente fue la primera Escritura que Jesús aprendió como niño."3 Los padres de Jesús se aseguraron de que ellos enseñaron las verdades y principios bíblicos a su hijo. María y José, obviamente, eran estudiantes de la Palabra de Dios e inculcaron esa misma hambre de las Escrituras en su hijo.

El Señor ve a los padres como los profetas familiares. Se les da la responsabilidad a los papás de establecer las normas en el hogar. Dios desea que los padres se paren frente a sus familias y comuniquen su mensaje. Es su trabajo decir, "Yo sé que el mundo dice esto...pero esto es lo que dice la Biblia acerca de..." cualquier asunto de la vida. Por eso la Biblia dice, "El padre hará notoria tu verdad á los hijos." (Isa. 38:19b RVA).

Desafortunadamente, este no es el caso actualmente. Un autor conocido a nivel nacional descubrió una tendencia preocupante en las familias. El observó que los hombres están saliendo del campo de la batalla de ser profeta familiar y las esposas están pisando el campo en su lugar. En su libro, Raising Godly Children in an Ungodly World (Criando Hijos Piadosos en un Mundo impío), Ken Ham discutió el cambio de roles que ocurre hoy. El dijo,

En demasiados casos, ni la madre ni el padre está cumpliendo con la responsabilidad de entrenar a sus hijos en las cosas de Dios. En los hogares en que algún tipo de entrenamiento está ocurriendo, la madre tiende ser el que enseña, ora y lee la Biblia sin la ayuda de su marido... Las madres parecen estar asumiendo los roles de liderazgo más y más, los padres están optando por salir de esta zona todos juntos... En la mayoría de los hogares cristianos, por lo general es la madre, no el padre, que actúa como la cabeza espiritual.4

Dado un paso más, una encuesta local fue conducida en la cual varias preguntas fueron hechas de padres y madres cristianos. Las investigaciones encontraron un desarrollo aún más preocupante. Una de las preguntas hechas en el estudio fue, "¿Quién típicamente dirige el tiempo devocional de la familia?" Un sorprendente 45% de los padres encuestados respondieron: "Nosotros no hacemos un tiempo familiar de devocionales".5 Esto es terreno peligroso para las familias. Si los padres no se encargan del entrenamiento bíblico en el hogar, hay pocas posibilidades de que sus hijos sean crecientes estudiantes bíblicas cuando salgan de la casa y estén viviendo apartes. Christian Smith escribió: "La mayoría de los adolescentes y sus padres no se dan cuenta, pero un gran trabajo de investigación en la sociología de la religión sugiere que la influencia social más importante en la formación de vida de los jóvenes religiosos es la vida religiosa modelado y enseñado por sus padres "6. ¿Hacia dónde crees que las familias se dirigen? ¿Hacia dónde está tu familia dirigida? Se ha estimado que para el momento de la generación del milenio (los nacidos entre los años 1982-2000) llega a la edad adulta, sólo el 5% será creyentes de la Biblia y irá a la iglesia.7 ¿Pueden los padres, especialmente los papás, darse el lujo de descuidar ser el profeta de la familia por más tiempo?

¿Es hora de detener el ciclo? Los papás pueden reclamar su responsabilidad dada por Dios. Nunca es demasiado tarde. Dios no espera perfección, sino la persistencia. Él quiere que todos los creyentes lean y estudien su Palabra y nos esforcemos por mantener una vida que le honra. ¿Estás involucrado en un grupo de estudio bíblico con otros creyentes? ¿Tienes alguien en tu vida que te ayuda a ser responsable en tu camino con el Señor? Cuando los padres, especialmente los papás, corren detrás de Dios de esta manera, serán capaces de liderar y enseñar a su familia también.

Sam es un esposo y papá de cuatro hijos. El y su esposa, Linda, tienen dos hijos biológicos y dos hijas adoptadas. Son padres buenos que aman a sus hijos. Sam se graduó de la escuela superior y también de un colegio técnico. Antes él tenía su propio negocio de contratista eléctrico, pero ahora trabaja para una compañía local como electricista. Linda se graduó de la universidad y trabaja como una programadora de computadoras. Ellos son la imagen de la familia completamente Americana excepto por una cosa. Hace dos años, Sam y Linda tomaron una decisión que muchas familias cristianas consideran pero con que nunca cumplen. El decidió tomar un tiempo cada domingo por la noche para devocionales familiares. Recientemente, le pregunté a Sam acerca de su tiempo devocional y esto es lo que dijo,

Los devocionales familiares son una gran experiencia cada semana. Como cabeza de la familia, siento que es mi trabajo dirigir este tiempo devocional junto. Es muy humillante. Me encanta la cercanía que compartimos juntos acerca de la Palabra de Dios. Ha sido un buen tiempo de aprendizaje para mi familia, pero pienso que yo saco más de ello que los demás. Es casi indescriptible. Más que nada. yo quiero que mis hijos vean a su padre terrenal humillado delante del Padre Celestial. No cambiaría nada por nuestro tiempo familiar de devocionales.

Me encanta el corazón de Sam. Sam es un buen ejemplo de un padre dirigiendo a su esposa e hijos como el profeta familiar. Simplemente nos demuestra que cuando los padres toman la responsabilidad como el profeta familiar en serio, Dios puede hacer cosas extraordinarias.

¿Qué haces cuando tienes menos de la situación marital ideal? Para obtener orientación, solo necesitamos mirar a 1 Samuel. Ana era una mujer piadosa que deseaba tener un hijo, pero por alguna razón el Señor había decidido no permitirle quedarse embarazada. Esto fue sólo uno de los problemas de Ana. Su otro problema era que tenía un matrimonio que no era la mejor. Ella estaba casada con Elcaná que la quería mucho. Sin embargo, Elcaná también tenía otra esposa llamada Penina. Aunque Elcaná amaba más a Ana, Penina fue capaz de tener hijos. Esta situación creó mucha tensión en la familia. No obstante, Ana estaba determinada. Ella oró fervientemente al Señor y le rogó por un hijo. En cambio, Ana prometió devolvérselo para servir al Señor el resto de su vida. Aunque nunca estamos en una posición para negociar con Dios, Él aceptó su oferta y le dio un hijo. Durante los primeros tres años de su vida, Ana amó, cuidó y enseñó a su bebé para prepararlo para el servicio al Señor. Ella fue el ejemplo perfecto de una madre piadosa.

Mamá, tal vez te encuentras en una situación marital menos de ideal. Ana nos enseña tres verdades muy importantes. Primero, ama al Señor. Ana sabía que si iba a tener hijos ella tenía que ir al Señor quien es el Proveedor de todas las cosas. En su oración vemos como ella veía a Dios. Ella dijo, "O, Señor" (1 Sam. 1:11) que se traduce Jehová, que significa 'el Dios supremo.'

Ana reconoció eso en su oración Segundo, aunque su situación en el hogar no fue el mejor, ella amaba a su esposo. Es claro que la relación de Ana y Penina no fue el mejor, pero no menciona ningún problema entre Ana y Elcaná. En 1 Samuel 1:8 vemos un momento tierno entre los dos que demuestra preocupación por su esposa y su amor hacia su esposo. Tercero, ella amaba a su hijo. Ana modeló el verso que Salomón escribió más tarde en Proverbios 22:6. Ella entrenó a su hijo en los caminos que tenía que ir para que sirviera al Señor como ella se lo prometió.

Todo termina con esto. Los niños necesitan a alguien en sus vidas que lo dirija en la Escritura. No importa si eres un padre soltero que tiene que ser líder del hogar, el único padre en el hogar motivado para dirigir, o una pareja trabajando juntos como un equipo, todos tienen la misma responsabilidad. Tu deber es dirigir a tus hijos hacia el trono de la Gracia y en la presencia del Señor a través de su Palabra Infalible.

Aplicaciones en el Hogar

En la hora de acostarte esta noche o en el desayuno por la mañana, toma un tiempo para discutir un verso de la Escritura. Lee Isaías 40:8 y pídele a cada miembro de la familia describir lo que piensan que Dios está diciendo. La meta de este tiempo es poner a tu familia a leer y hablar de la Palabra de Dios. Cuando estos tipos de conversaciones comienzan, el Espíritu Santo puede hacer cosas increíbles.

Día 13

Luego de examinar la situación, me levanté y dije a los nobles y gobernantes, y al resto del pueblo: "¡No les tengan miedo! Acuérdense del Señor, que es grande y temible, y peleen por sus hermanos, por sus hijos e hijas, y por sus esposas y sus hogares." (Neh. 4:14)

"Puedes hacer mas que orar despues de haber orado, pero no puedes hacer mas que orar hasta que has orado."
— John Bunyan, autor de Pilgrim's Progress

? Estas orando por tus hijos?

El 4 de octubre de 1997, Dios me enseno el poder increíble de la oracion. Fue un día que nunca olvidare. Fue un sábado lindo de otoño en Washington DC en el Mall Nacional. Estaba asistiendo un evento de Promise Keepers (Guardadores de Promesas) llamado Stand in the Gap (Parate en la Laguna). Hombres de todo el pais vinieron a un lugar para adorar al Señor. Algunos han estimado que más de un millón de hombres vinieron a nuestro capital nacional para orar. El dia estuvo lleno de oración y adoración al Dios Todopoderoso. Pero hubo un momento en particular que todavía se queda en mi mente. En un momento durante el evento el recurso pidió al hombre sacar de sus carteras unas fotos de las personas más cercanas a ellos. No tuve ninguna foto de mi familia conmigo, pero me acuerdo que me postre en el piso y visualize las caras de mi hermosa esposa, mi bella hija y de mi bello hijo. Sus caras estaban tan claras como si hubiesen estado ahí conmigo. Mientras me dirigían en oración, fue como si estuviera orando por la primera vez. Ore por la madurez espiritual de mi esposa, la pureza de su corazón y mente, y su habilidad para crecer como esposa y madre. Por mis hijos ore por su salvación, crecimiento espiritual, futuros esposos, sabiduría y todo entre medio. Siempre había orado por mi familia antes…por lo menos pensaba así. Tal vez perdía unos días de vez en cuando pero yo oraba…la mayoría del tiempo. Pedía a Dios estar con mi familia, bendecir a mis hijos y entonces cambiaría el tema. Pensaba que eso era suficiente.

El quid de la cuestión era que no era suficiente, y yo sabía que tenía que hacerlo mejor. Quería orar más pero nunca lo hice una prioridad. Sin embargo, ese día cambio mi forma de pensar. Fue un momento crucial para mí. Con mi rostro en el piso, reconocí cuan ligero había estado en mi tiempo de oración para estas tres personas preciosas. Dios me permitió ver cuán esporádico era mi tiempo de oración y cuan superficial mis oraciones eran para las tres personas que amo tanto. El Señor me permitió ver que necesitaba cambiar. El me enseno que necesitaba orar específicamente por ellos, pararme en la laguna en intercesión, y orar consistentemente por mi familia. Desde ese momento he puesto la oración por mi esposa y mis hijos como mayor prioridad en mi vida de oración. ? Y que de tu tiempo de oración? ?Es inconsistente o generalizado cuando oras?

Líder en la Oración

Como descubrimos en la lectura de Día 12, los niños necesitan profetas en sus familias. Dios ha dado a los padres el privilegio y una responsabilidad tremenda de pararse con sus espaldas hacia El frente a sus familias de su parte y decir, "Esto es lo que dice el Señor." Pero Dios tiene otro deber importante para ti también. Los niños necesitan tener un sacerdote familiar. En el Antiguo Testamento, el sacerdote dio la espalda a su pueblo, miraba hacia Dios y intercedía de parte del pueblo. Los sacerdotes eran mediadores, el puente entre Dios y el hombre. También dirigían el pueblo de Dios hacia la presencia de Dios. Gente como Melquisedec, Aarón, Hannah, Ali, María y Ana buscaron a Dios por otros. Esta gente se paraba en la laguna delante de Dios por el pueblo de Dios.

Vamos a mirar al hogar de Jesús y ver como María y José modelaron esto para nosotros. La Biblia dice en Lucas 2:41, "Los padres de Jesús subían todos los años a Jerusalén para la fiesta de la Pascua." Es evidente que María y José estaban dedicados a obedecer los requisitos de Dios para todas las costumbres y celebraciones judíos. Lucas sigue diciendo, "Cuando cumplió doce años, fueron allá según era la costumbre." (Lc. 2:42). De acuerdo a estos versículos, Jesús y su familia anualmente asistieron a la Pascua. Kent Hughes, en su comentario de Lucas, describió lo que Jesús hubiera experimentado durante la celebración de Pascua. Hughes dijo,

Casi a las 3:00PM el sacrifico comenzó. Podemos suponer que José y sus familiares, en preparación para la virilidad de Jesús, llevaron al joven Jesús dentro del templo con ellos para que pudiera observar el sacrificio. Si fue así, mientras los portones del corte del templo cerraban detrás del grupo grande de adoradores, El escucho un sonido de un cuerno de carnero y vio a José, en concierto con cientos de otros adoradores, sacrificar el cordero de la familia. Los sacerdotes, parados en dos filas largas, recogieron la sangre en las cuencas de oro y plata, y luego la rociaron contra la base del altar. Los Levitas cantaron los Salmos de Aleluia (113 – 118) por encima del estruendo mientras el padre de Jesús preparo su cordero, y antes de salir, colgó el animal, envuelto en su propio cuero, sobre su hombro y salió con su hijo joven con el.8

Cada año en la celebración de Pascua, José fue el sacerdote familiar.

Hasta hoy el Señor ve a los padres como los sacerdotes familiares. Dios espera que tu te levantes frente a El de parte de tu familia. Es tu responsabilidad ir delante del Señor para interceder por tu familia. James Merritt, autor de In a World of…Friends, Foes, and Fools (En un Mundo de… Amigos, Enemigos y Necios), dijo, "Estoy convencido que no puedes hacer nada mejor para tus hijos (y futuras generaciones) que orar por ellos continuamente."9 No hay mayor obra. Los padres están dados un gran honor y privilegio de cerrar la brecha y levantar sus familias hacia el Padre Celestial. En el estudio conducido por este libro, varias cosas fueron preguntadas de hombres cristianos de acuerdo a su vida de oración. Una de las preguntas fue "En una semana normal, ?cuantos dias específicamente oras por tu(s) hijo(s)?" 67% de los hombres dijeron que oran 5-7 veces en la semana por sus hijos. Solamente 5% dijo que nunca oraron por sus hijos.10 Cuando estuve en Promise Keepers (Guardadores de Promesas) yo hubiera estado en ese grupo de 67% también. Las mujeres también fueron preguntadas lo mismo. 70% de las mujeres dijeron que oran 5-7 veces en la semana por sus hijos cuando solamente 4% dijeron que nunca oraron por sus hijos.11 Estos resultados nos exhorta un poco; sin embargo, mi pregunta es ?Por qué estas orando específicamente? Patrick Morley, en su libro The Man in the Mirror (El Hombre en el Espejo), dio esta lista como una ofrenda a los padres para utilizar como un guía en su tiempo de oración por sus hijos. Él puso en su lista:

- *Una fe que salva (acción de gracias si ya es cristiano),*
- *Una fe que crece,*
- *Una fe independiente (mientras crecen),*

- *Ser fuerte y saludable en mente, cuerpo y espíritu,*
- *Un sentido de destino (propósito),*
- *Un deseo para integridad,*
- *Un llamado a la excelencia,*
- *Para entender el ministerio que Dios tiene para ellos,*
- *Que yo guarde tiempo para compartir con ellos,*
- *Adquirir sabiduría,*
- *Protección contra drogas, alcohol, y sexo prematrimonial,*
- *El/la esposo/a que Dios tiene para ellos (vivos en algún lugar, necesitan oración),*
- *Glorificar el Señor en todo.12*

Los niños que viven en este mundo hoy están constantemente bombardeados con estos asuntos. ? Hay un mejor recurso de poder que la oración? Permíteme preguntar, ?si la supervivencia de tu hijo dependiera de tus oraciones como estarían?

La Biblia dice en 1 Pedro 5:8b, "Su enemigo el diablo ronda como león rugiente, buscando a quién devorar." Esta declaración no puede ser más verdadera, especialmente para los jóvenes hoy en día. Satanás te tiene a ti y a tus hijos en su punto de mira. Tu familia entera está siendo presa de el. Permíteme preguntar, ?hay alguien orando por ellos?

Hablo con gente todo el tiempo acerca de su tiempo de oración. La razón numero uno que escucho más acerca de la vida de oración de un cristiano es "no hacer tiempo para orar." A eso sugiero hacer una cita con Dios. ?Te acuerdas del elefante? Haz una cita y guárdala...igual con la lectura de tu Biblia. Comienzo con un minuto diario. Puedes aumentar el tiempo mientras lo hagas pero no pierdas una cita. Sin embargo, la segunda razón por la cual la gente me dice que no tienen una vida de oración consistente es porque sienten que Dios no los escucha. No hay un cristiano en todo el planeta que no se ha sentido así. Cada creyente en un momento dado ha sentido que sus oraciones no llegan más allá del techo.

El 7 de diciembre de 1988, un terremoto se registro en magnitud de 6.9 tembló la ciudad de Spitak, Armenia. En el terremoto cientos de edificios fueron aplastados dejando miles de personas atrapadas entre los escombros. Durante las primeras horas, trabajadores de emergencia fueron capaces de rescatar muchas personas enterradas por los escombros. Desafortunadamente, los equipos de rescate comenzaron a perder esperanza en encontrar personas vivas cada día que pasaba. Sin embargo, un padre amoroso no se rindió. Este papa fue a la estructura colapsada donde la escuela de su hijo una vez estuvo. Trabajando largas horas en las ruinas de la escuela donde su hijo estaba enterrado por el terremoto, movió ladrillos, madera, y otros escombros con sus manos, trabajando día y noche. Fue como si fuera súper humano. Dos días se convirtieron en tres. Tres días se convirtieron en cuatro. Cuatro se convirtieron en cinco. El papa estaba exhausto. La gente lo exhortaba rendirse. Ya no había esperanza. Después en el sexto día después del terremoto, el removió una sección de escombros y estuvo capaz de escuchar diferentes voces débilmente pidiendo ayuda. Con nueva energía cavo más fuerte que antes. El llamo el nombre de su hijo y escucho silenciosamente. Para su asombro, el escucho la voz de su hijo decir, "Papi...pensé que te habías rendido!"

Es fácil sentirse como ese niño pequeño y cansarnos cuando oramos. A veces nos sentimos que Dios no nos está escuchando y que ha dado por vencido con nosotros. Eso no es verdad. Nunca es el caso. La Biblia dice, "Porque los ojos del Señor están sobre los justos, y sus oídos, atentos a sus oraciones" (1 Ped. 3:12). Dios dice, "Estoy escuchando." Dios siempre escucha. Yo pienso que de donde viene nuestra confusión es que esperamos que Dios conteste "si" a todas nuestras oraciones o esperamos que nos conteste inmediatamente. Dios contesta. A veces es "si," a veces es "no," y otras veces Él dice, "espera." Sin embargo, hay otro factor que entender. La Biblia dice, "Son sus pecados los que los han separado de Dios.

A causa de esos pecados, él se alejó y ya no los escuchará" (Isa. 59:2 NTV) Tenemos que estar determinados decir, "Pediré a Dios perdonar mis pecados. Hare el orar por mi familia la mayor prioridad de mi vida de oración. No importa que estoy sintiendo, sé que Dios está escuchando."

Permíteme hacerte una pregunta dolorosa. Si no oras por tus hijos, ?quien lo hará? Los padres tienen que ser los que oran por sus hijos. Necesitas determinar ser el sacerdote de tu familia, haz una cita con el Señor, y "ora sin cesar" (1 Tes. 5:17). Permíteme preguntar, ?vale la pena? Si no estás orando por ellos, puedes asegurarte que están siendo presa de cada momento de cada día.

Aplicaciones en el Hogar

Hoy antes de ir delante del Señor y sinceramente pide a Dios perdonarte por tus pecados. Pídele traer a tu memoria los pecados que has cometido (Salmo 139:23-24) y específicamente pídele perdonarte. Luego, usa la lista anterior y ora! Ora como nunca antes has orado. Pide a un amigo orar contigo por tus hijos. Invita a tu esposo, padre, otro familiar, o mejor amigo. No importa quién es, pídeselo. Dios obra cuando oramos.

Día 14

"Porque mis pensamientos no son los de ustedes, ni sus caminos son los míos," afirma el Señor. (Isa. 55:8)

"Nunca tengas miedo de confiar un futuro desconocido a un Dios conocido."
Corrie Ten Boom.

¿Cómo defines prioridad?

A un operador de faro se le dio suficiente aceite para un mes. Su tarea era simplemente mantener la luz encendida toda la noche para los barcos pasando por la escarpada costa. Un día, un vecino cercano se le acercó al operador y le pidió un poco de aceite para mantener sus lámparas encendidas. Fue una simple solicitud, pues el operador le ayudó al vecino. Unos días más tarde, un viejo amigo del otro lado del pueblo preguntó si pudiera tener un poco de aceite para mantener a su familia caliente. El portador simpatizó con su amigo y le dio un poco de aceite. El hombre aseguró al operador que le reembolsaría lo más pronto posible. Estaba contento poder ayudar a sus amigos y no lo pensó dos veces.

Desafortunadamente, al final del mes, el tanque en el faro se secó. Esa noche en particular la lámpara del faro se apagó y la costa se puso obscura. Tres barcos chocaron con las piedras y más de cien personas perdieron sus vidas. Un funcionario del gobierno investigó el incidente. El operador de faro explicó que había hecho para sus amigos y porque. El funcionario dijo, "Se le dio una tarea y solamente esa tarea. Su trabajo era mantener la lámpara del faro encendida. Nada más importaba."

Mira esta historia con sus hijos en mente y considera esta única pregunta acerca del discipulado. ¿Qué puede ser más importante en las vidas de tus hijos que ayudarles a crecer espiritualmente? Espero que ya estés diciendo 'inada!' Dios te ha bendecido con hijos y la oportunidad de ser su líder espiritual. Sabes que para que el discipulado sea una realidad en tu casa, algo tiene que suceder, pero no sabes qué. Hemos discutido algunos temas importantes como el discipulado personal, compartir la Palabra en familia, y buscar tiempo para orar por tu familia. Pero formando todas estas cosas puede ser un reto si no abrumador. La respuesta es sencilla pero el trabajo detrás de ella puede ser difícil. La respuesta es esta: hacer de tu familia una prioridad. Es una simple idea que requiere dedicación y una reorganización de muchos, si no todos, los aspectos de tu vida. Sé que algunos de leer este libro han hecho bien en hacer de la familia una prioridad. Por el otro lado, hay aquellos que no lo han hecho. Cualquiera que sea tu categoría, todos nosotros necesitamos ayuda y ánimo en mantener todo en rumbo. Por eso es que Dios nos ha dado algunas ideas valiosas a través de varios hombres y mujeres en la Biblia quienes hicieron de su familia una prioridad. Dos personas en particular vivieron sus vidas por las filosofías sencillas y rectas, siendo de ejemplo para nosotros hoy en cómo hacer de nuestra familia una prioridad.

Familia Como Prioridad – La Perspectiva de una Mujer

Sin lugar a dudas, una de las primeras personas de quien necesitamos recibir entrenamiento es una mujer del Antiguo Testamento. Esta mujer no es alguien de quien escuchamos mucho, sin embargo probablemente has escuchado de sus hijos. Ella fue la madre de Moisés, Aarón y Miriam, y uno de los grandes héroes anónimos de la Biblia. Jocabed y su familia fueron esclavos en Egipto durante el tiempo que Dios físicamente agregando a muchos hogares. En un tiempo muy oscuro para la nación hebrea el Señor estaba permitiendo a las familias tener muchos bebes. El aumento de la población le puso nervioso al faraón. Por lo tanto él decidió poner en práctica unos métodos anticonceptivos. Decretó que todas las parteras hebreas debían matar a cualquier bebe macho hebreo que naciera. Afortunadamente, las parteras temieron a Dios más que al faraón y permitieron que los bebes vivieran. Como su primer plan no funcionó, el faraón mandó al pueblo de Egipto a llevar a cabo esta masacre. El ordenó al pueblo meter a cualquier niño hebreo de dos años o menor en el río Nilo. Como se puede imaginar, los tiempos eran difíciles y estresantes, pero Dios estaba en control. A través de la mano soberano de Dios, Moisés, el futuro líder de los hebreos, nació. Bajo las circunstancias, Jocabed tuvo que tener un cuidado especial en Moisés para poder esconderlo por tres meses. Ella demostró una gran fe en el Señor, sabiendo que El protegería a su hijo. Cuando Moisés creció, fue más difícil esconderlo, y ella sabía que su tiempo se estaba acabando. Jocabed convirtió su fe en acción mientras sabiamente preparó un plan brillante. Ella construyó el primer coche de bebé, insumergible y flotable, y lo puso, con el bebé adentro, en las orillas del rio Nilo. En nuestras mentes no podemos imaginarnos haciendo algo tan retante. ¿Cómo una madre puede exponer a su hijo a tanto peligro? Una canasta flotante…un bebé solo en el agua… ¿Qué estaba pensando? Tan malo que todo eso sueno, eso no era la peor parte. El rio Nilo es el hogar de uno de los animales más feroces en la tierra, el cocodrilo Nilo. Este canto de información ya hace a Jocabed una candidata para una institución mental. Pero antes de cometerla muy rápido, necesitamos tomar una cosa en consideración. No solamente convirtió su fe en acción sino también confió en la soberanía de Dios. Tal vez el Señor le dio una visión del futuro de su bebé; la Biblia no lo dice. Pero una cosa sí sabemos: Jocabed dio instrucciones estrictas a Miriam de mantenerse cerca del arca miniatura para ver que iba a hacer el Señor. En la manera típica que Dios hace las cosas, lo increíble ocurrió. Dios permitió que el barco fuera encontrado por nada menos que la hija del faraón. Ella posiblemente era la única persona en Egipto que podía cambiar la manera de pensar de su papá para mantener a este bebé vivo. Ella había traído de la nave no identificada a ella por su siervo, miró dentro, y encontró algo que con el tiempo iba a cambiar la vida de millones de personas. Ella encontró al bebé, Moisés, llorando, en el momento justo, dentro de la canasta, y él cautivó el corazón de la princesa. A pocos pasos de distancia, como Jocabed había ordenado, Miriam esperaba por su momento de actuar. Mientras ella observaba a todo tomando su lugar, Miriam decidió actuar y ofrecer un poco de asistencia a la nueva madre.

Cuando tomamos en cuenta este episodio de la Biblia, Jocabed nos da algunas ideas valiosas dentro de los principios por los que vivió. En primer lugar, vemos a una mujer cuya prioridad máxima era amar y confiar en el Señor a pesar del hecho de que su situación iba de mal en peor. Jocabed no tuvo poder de hacer nada al respecto del edicto del faraón, sin embargo ella puso su fe completamente en Dios. Ella sabía que el Señor tenía todo el control, no el faraón. A veces nos encontramos en situaciones fuera de control, difíciles y de mucho estrés. ¿Sabes quién te permitió estar ahí? Dios. ¿Sabes quién quiere dirigirte y caminar contigo en cada paso? Por supuesto que Dios. Jocabed nos ensena a amar y confiar en el Señor completamente. Segundo, nuestro héroe ilustra cómo convertir nuestra fe en acción. Jocabed estaba sin esperanza, por lo tanto valientemente puso a su bebe en una canasta prueba de agua. Aunque no tenía un plan, ella sabía que Dios sí tenía uno.

Ella hizo todo lo que pudo haber hecho y entonces confió en que el Señor hiciera lo maravilloso. Dios uso su acto sencillo de fe y el dilema de la nación para poner a Moisés en las manos de la única persona del planeta que podía protegerlo. La hija del faraón fue la clave componente en el plan global de Dios para comenzar el proceso de preparar a un líder para el pueblo hebreo. Él lo utilizó para entrenar a su líder futuro, liberar a su pueblo, y eventualmente dirigir a su pueblo a la Tierra Prometida. ¿Es diferente contigo y tus hijos? Dios tiene todo en sus manos que son más que capaces. ¿Estás haciendo las cosas pequeñas que el Señor quiere que hagas y confiando en Él con las cosas grandes?

Ultimo, considera cuan prestigiosos eran los hijos de Jocabed para la nación hebrea. Moisés se convirtió en el líder y legislador del pueblo. Aarón se convirtió en el portavoz para Moisés y el sacerdote para el pueblo. Miriam se convirtió en una de las profetas de Israel. ¿Cómo se convirtieron en tan grandes líderes? No tienes que mirar más allá que la madre que hizo de su familia una prioridad. En los pasajes del Antiguo Testamento vemos la influencia de Jocabed vivido en las vidas de cada uno de sus tres hijos. Aunque no eran perfectos, Moisés, Aarón y Miriam amaban a Dios y convirtieron su fe en acción, tal como su mamá.

Familia Como Prioridad – La Perspectiva de un Hombre

Otro ejemplo de hacer de nuestra familia una prioridad se encuentra en dos personas muy ordinarias y sin sospecho. A María y José se les dio el privilegio de ser los padres terrenales de Jesús. No tenemos mucha información acerca de esta pareja joven; sin embargo, la Biblia nos habla de cómo pudieron hacer de su familia una prioridad. ¿Qué fue su secreto? Ya que estamos hablando de esto, ¿Qué tenían tan especial, en particular José, que Dios les daría la responsabilidad de ser el padre terrenal del Salvador del mundo? ¿Qué principales seguía que le hizo diferente? Como uno puede esperar, la Biblia tiene respuestas. Mateo cuenta,

This is how the birth of Jesus the Messiah came about: His mother Mary was pledged to be married to Joseph, but before they came together, she was found to be pregnant through the Holy Spirit. Because Joseph her husband was faithful to the law, and yet did not want to expose her to public disgrace, he had in mind to divorce her quietly. But after he had considered this, an angel of the Lord appeared to him in a dream and said, "Joseph son of David, do not be afraid to take Mary home as your wife, because what is conceived in her is from the Holy Spirit. She will give birth to a son, and you are to give Him the name Jesus, because He will save His people from their sins." All this took place to fulfill what the Lord had said through the prophet: "The virgin will conceive and give birth to a son, and they will call Him Immanuel" (which means "God with us"). When Joseph woke up, he did what the angel of the Lord had commanded him and took Mary home as his wife. (Mt. 1:18-24)

Como podemos ver en este pasaje, José era un hombre sencillo que vivía con unos principios sencillos. Él era un hombre que basaba sus decisiones en la Palabra de Dios, ponía a otros primero, y actuaba en que creía. José utilizaba estas cualidades mientras hacía de su familia una prioridad.

El primer principio que vemos en la vida de José es que el vivía por los estándares de Dios. La Biblia refiere a él como el "esposo fiel a la ley" (Mt. 1:19ª). Cuando José se enteró que María estaba embarazada, él sabía que tenía que hacer algo. Era razonable para el pensar que María había estado con otro hombre. El sentía que no podía continuar con el matrimonio porque no era el papá del bebé. Esto violaría sus estándares morales. José tuvo el derecho de divorciar a María. En esta situación vemos a un hombre que se mantuvo firme en la Palabra de Dios. El era estudiante de la Biblia y estuvo determinado vivir su vida de acuerdo al estándar de Dios. José era un hombre que tomó sus decisiones basado en la Palabra de Dios, sin importar la situación.

Poner a otros primero es el segundo principio que vemos en la vida de José. El fue justificado divorciar a María; la única pregunta era como lo haría. Por su amor y amabilidad hacia ella, él no quiso que pasara por "desgracia pública" ni que la mataran (Deut. 22:23-24). Por lo tanto decidió hacer otra cosa. La Biblia dice que José "no quería infamarla, quiso dejarla secretamente" (Mt. 1:19b). En esto vemos que José estuvo más preocupado por la reputación de María. El tuvo el derecho de exponer su pecado públicamente y humillarla frente a todo el pueblo. Sin embargo, su preocupación no era para él mismo. El decidió hacer del divorcio un asunto privado con solamente dos testigos más. El hizo esto porque quería proteger a su ex "futura esposa" lo más que pudo. En estos versos vemos a un hombre poner a María primero. José era un hombre que ponía a los demás antes que el mismo, sin importar la situación.

El tercer principio que vemos en la vida de José es que era un hombre de acción. Cuando José se despertó de su sueño la Biblia dice, "hizo como el ángel del Señor le había mandado" (Mt. 1:24). José fue enfrentado con una situación vergonzosa. Sin embargo, vivía por las leyes de Dios y las hizo el estándar por el cual vivía: Cuando Dios le dio una nueva asignación a través del sueño, hesitación no fue parte del carácter de José mientras respondía al mandato de Dios. El quiso vivir una vida santificada delante de Dios sin importar el precio. Puedo imaginar que sentía liberado por el anuncio del ángel. José era un hacedor de la Palabra de Dios.

Aunque esto sea lejos de una lista exhausta, estos son tres factores claves en hacer de una familia una prioridad de la perspectiva de un hombre. ¿Has considerado la Palabra de Dios cuando tomas decisiones, grandes o pequeñas? ¿Pones a otras personas antes de ti o antes de tu juego de baloncesto? ¿Qué de cómo tu familia te ve diariamente? ¿Estás tratando de hacer que tus pensamientos, palabras y acciones vayan de acuerdo con lo que complace al Señor? Haz de tu familia una prioridad, como lo hizo José, y permite que Dios haga el milagro.

Tomarlo Personal

A los padres se les ha dado la responsabilidad de proveer por sus familias las cosas que necesitan prosperar y florecer. Esta provisión no necesariamente significa riquezas terrenales, sino las necesidades básicas. Estas necesidades básicas incluyen a un ambiente positivo y estable en el hogar, salud física, comida y un hogar. Es el trabajo del padre asegurarse que estas necesidades estén provistas para que sus hijos tengan la oportunidad de prosperar. Pero esta es la cosa: ambos creyentes e incrédulos no pueden proveer las necesidades físicas de sus hijos. Pero Dios espera más de sus creyentes. Los padres creyentes son llamados para hacer de su hogar un lugar donde sus hijos pueden estar "llenos de sabiduría, y la gracia de Dios" (Lc. 2:40b) con ellos. Eso significa que necesitamos aprender de personas como Jocabed y José y los principios por los cuales vivían. El Señor nos ha dado sus ejemplos para que podamos también aprender su secreto de hacer de la familia una prioridad.

Tal vez estás pensando que ya ha pasado demasiado tiempo y estás muy viejo en cómodo para hacer unos cambios. Eso no es verdad. Tal vez estás pensando, "Sé que necesito mejorar y hacer de mi familia una prioridad, pero si trato de hacer unas modificaciones inmediatas ahora, no me van a coger en serio." Puede ser difícil al principio, pero tienes que estar dispuesto a aprovechar la oportunidad.

Independientemente de lo que ha pasado, tienes que entender y creer que siempre hay esperanza. Nunca es demasiado tarde para aprender e implementar nuevos principios. Nunca es demasiado tarde para hacer unos cambios en tu vida y ajustes en tus prioridades. Sparky Anderson, gerente por muchos años del equipo de béisbol, los Cincinnati Reds (Rojos), una vez dijo, "La gente que vive en el pasado generalmente tienen miedo de competir en el presente. Yo tengo mis defectos, pero vivir en el pasado no es uno de ellos. No tiene futuro."13 Nunca es demasiado tarde, especialmente cuando Dios está envuelto. Tal vez necesitarás hacerlo con calma al principio, pero con el tiempo, harás una diferencia. Sin embargo, hay una trampa. Tienes que estar dispuesto hacer una transición a la manera de Dios, no a tu manera. Tienes que estar dispuesto vivir por estos principios cueste lo que cueste. Tiene que comenzar contigo. ¿Es la voluntad y propósito de Dios que hagas de tu familia una prioridad? ¡Sí! Permíteme preguntar, '¿Vale la pena tu familia?' Si tu respuesta es sí, ponte a ti y a tu familia en las manos de Dios y cree así como Job, "Yo sé bien que tú lo puedes todo, que no es posible frustrar ninguno de tus planes." A propósito, la razón por la cual Dios confió en José para ser el padre terrenal del Salvador del mundo es la misma razón por la cual Él te dio los hijos que tienes en tu hogar. Él te ama y cree en ti.

Aplicaciones en el Hogar

Esta noche o mañana por la noche en la cena, asegúrate que tienes a la familia entera sentada juntos en la cocina o la mesa. Tan pronto que todos estén sentados, haz una pregunta amplia para ver cómo responde cada persona. La pregunta es, "¿Qué fue una cosa que te hizo reír hoy?" Si tu familia no está acostumbrada a este tipo de introducción en la cena entonces tal vez necesitas dar la primera respuesta. El objetivo es lograr que cada persona de tu familia hable acerca de algo cómico y sencillo. Luego deja que la conversación vaya adonde Dios la quiere.

Día 15

"Lo más absurdo de lo absurdo, —dice el Maestro—, lo más absurdo de lo absurdo, ¡todo es un absurdo!" (Ecles. 1:2)

"Cada vez que te encuentres en el lado de la mayoría, es tiempo de hacer una pausa y reflexionar."
— Mark Twain

¿Estás teniendo éxito verdadero?

En un pequeño pueblo costero en Louisiana, un negociante exitoso estaba preparando su velero de 22 pies para un día lleno de recreación en el Golfo de México. El sol estaba saliendo ese bello viernes temprano, y la previsión del tiempo esperaba un día perfecto para estar en el agua. Mientras el negociante terminaba de prepararse, un barco de camarones se estacionó al lado de él. Él no podía dejar de notar la gran cantidad de camarones que el barco traía. Intrigado, el hombre preguntó al pescador, "¿Cuánto tiempo te tardó capturar todos esos camarones?" El pescador contestó, "No mucho tiempo, solo estaba en el agua como tres horas." El hombre dijo, "Tres horas. ¿Por qué no te quedaste más tiempo para capturar más camarones?" El pescador dijo, "Esto es suficiente para hoy. Lo que pagarán por esto proveerá por todas las necesidades mías y de mi familia." El hombre dijo, "Es temprano. ¿Qué harás el resto del día?" El pescador se rio y dijo, "Iré a mi casa; desayunaré con mi esposa y mis hijos; prepararé a los nenes y los llevaré a la escuela; regresaré a casa y ayudaré a mi esposa con las tareas de la casa. Mi esposa y yo saldremos a pueblo y almorzaremos juntos y haremos un poco de compras. Luego, será tiempo más o menos que lleguen los nenes de la escuela. Los ayudaré con sus asignaciones, iré afuera para jugar con ellos, y antes que nos demos cuenta, ya es tiempo para cenar. Comeremos juntos, lavaremos los platos, y veremos televisión. Y entonces será tiempo para acostarnos." El hombre no pudo creer lo que estaba escuchando. Él dijo, "No puedes estar serio. Tú puedes hacer mucho más que eso. Yo tengo Maestría en Administración de Negocios (MBA) de la Universidad de Harvard y te puedo ayudar." "¿Qué tienes en mente?, preguntó el pescador. "Bueno, la primera cosa que necesitas hacer es pasar más tiempo pescando. Si aumentas tus horas ganarás más dinero. Con el dinero extra podrás comprar un barco más grande. Con el tiempo, podrás comprar más barcos hasta que tengas una flota de barcos camareros. Con el aumento del volumen, podrás vender tu pesca a la planta de procesamiento de pescado tú mismo en vez de usar a un intermediario. Con el tiempo podrás ser dueño de tu propia planta de procesamiento de pescado. Podrás capturar los camarones, procesarlos, y distribuirlos tú mismo. Podrás irte de este pueblito de Luisiana y mudarte a Nueva York donde podrás expandir y construir tu empresa." El pescador se impresionó y preguntó, "Esto suena interesante. ¿Cuánto tiempo crees que tomaría todo esto?" El negociante dijo, "Si trabajas fuertemente podrá tomar de veinte a veinticinco años." "¿Entonces qué?", preguntó el pescador. El hombre con un brillo en sus ojos contestó, "A la vez que hayas construido tu empresa podrás vender la compañía y ganar millones." "¿Entonces qué?", preguntó el pescador una vez más. "Entonces podrás retirarte, regresar a este pueblo con tu familia, y disfrutar la vida." El pescador de camarones pensó por varios minutos y dijo, "veinte a veinticinco años es mucho tiempo. Mis hijos estarían grandes e independientes en aquel entonces. Los extrañaría demasiado a ellos y a mi esposa. ¿Por qué quisiera hacer eso yo?" Entonces él pausó y dijo, "¡No gracias! Tengo todo lo que necesito ahora mismo."

El pescador de camarones y el negociante de Harvard tuvieron dos enfoques diferentes acerca de la vida, el tiempo y la familia. Desde la perspectiva del negociante, hacer dinero era prioridad, pero desde el punto de vista de pescador, la familia era primero. A muchos padres se les hace difícil tratar con las presiones de trabajo y las responsabilidades del hogar. Vamos a detenernos e imaginar la vida desde el punto de vista del pescador, la familia primero. Visualízate en treinta a cuarenta años. Tus hijos están grandes y tienen sus propias familias. Tú por fin estás disfrutando la vida con tus nietos. ¿Qué tipo de vida quieres que vivan tus hijos y nietos? No estoy hablando de carreras, finanzas, obligaciones sociales, o el tamaño de su casa. Esas cosas son pequeñas. Estoy hablando de las cosas que importan, cosas como su salud espiritual. ¿Aman al Señor con todos sus corazones, almas, mentes y fuerzas? ¿Están transfiriendo ese amor del Señor a sus hijos? ¿Qué de sus carreras? Claro que quieres verlos como buenos proveedores. Tener trabajos buenos para sostener a sus familias es necesario. Pero la verdadera pregunta no es si tienen un trabajo... sino si trabajo los tiene a ellos. La adicción al trabajo es real. ¿Y qué del balance? ¿Tienen margen en sus vidas? ¿Corren de un evento a una práctica a un juego a una obligación a la tienda...ya entiendes? Días así te pueden volver loco. ¿Quién quiere una dieta constante de ocupaciones? Tener una margen es el opuesto de estar ocupado. ¿Te gustaría verlos con tiempo en su día, en su semana para tener tiempo para descansar, tiempo familiar, tiempo con Dios? ¿Tienen tiempo para amar a Dios en cada aspecto de sus vidas? Margen significa acostarte por la noche y levantarte listo para un nuevo día. Caos, por el otro lado, significa derrumbarse en la cama de noche solo para despertarte y comenzar otro día de alboroto. ¿Cuál suena mejor? Ahora vamos a volver al presente. Hay muchas ventajas en vivir una vida amando al Señor, haciendo de la familia una prioridad, y hacer margen. Antes que lo pienses, no soy anti-dinero, anti-carrera, anti-éxito. Sin embargo, pienso que la gente puede enfocarse demasiado en estas áreas. Por lo tanto, permíteme preguntarte, ¿si alguna parte del estilo de vida del pescador te atrae, qué necesitas hacer hoy para hacer ese estilo de vida una realidad para el futuro de todos?

El corazón de Dios es tener hijos en cada hogar creciendo espiritualmente, siendo dirigido en la Palabra de Dios diariamente, teniendo a alguien orando por ellos constantemente, y viviendo en un ambiente donde la familia es una prioridad. Pero tantas personas caen en tres errores comunes que los distraen de su enfoque. Estos son:

- *Decepción # 1 – Tener éxito significa tener una carrera dinámica.*
- *Decepción # 2 – Estoy haciendo esto para mi familia.*
- *Decepción # 3 – El dinero resolverá mis problemas.14*

Estos tres son parte de una lista larga de decepciones comunes que preocupan a muchas personas. Sin embargo, un padre que está corriendo detrás de Dios puede superar cada uno de estos mitos y ser el líder espiritual que necesita su familia. Confrontar estas decepciones dará una oportunidad a tus hijos estar llenos de sabiduría y tener una abundancia de la gracia de Dios en sus vidas.

Decepción # 1 – Tener éxito significa tener una carrera dinámica.

Decepción # 1 ha cautivado a muchos padres en la cultura moderna. La gente siente que si quieren tener éxito tienen que ser el mejor en su área específica. Esto mentalmente tiene muchas consecuencias que drenarán el recurso más valeroso de un padre – el tiempo. Demasiados hombres y mujeres piensan que el éxito tiene que ver con sus carreras, subir la escalera corporativa, pero la Biblia lo ve de otra manera. La verdad del asunto es, "Trabajar solo no puede producir éxito que importa."15

Nadie conocía esta verdad mejor que el hombre más sabio que ha vivido: Rey Salomón. No hubo nada que no podía lograr. En Eclesiastés 2:4-11 la Biblia dice,

Realicé grandes obras: me construí casas, me planté viñedos, cultivé mis propios huertos y jardines, y en ellos planté toda clase de árboles frutales También me construí aljibes para irrigar los muchos árboles que allí crecían. Me hice de esclavos y esclavas; y tuve criados, y mucho más ganado vacuno y lanar que todos los que me precedieron en Jerusalén. Amontoné oro y plata, y tesoros que fueron de reyes y provincias. Me hice de cantores y cantoras, y disfruté de los deleites de los hombres: ¡formé mi propio harén! Me engrandecí en gran manera, más que todos los que me precedieron en Jerusalén; además, la sabiduría permanecía conmigo. No le negué a mis ojos ningún deseo, ni a mi corazón privé de placer alguno, sino que disfrutó de todos mis afanes. ¡Sólo eso saqué de tanto afanarme! Consideré luego todas mis obras y el trabajo que me había costado realizarlas, y vi que todo era absurdo, un correr tras el viento, y que ningún provecho se saca en esta vida.

Salomón sacude al lector después de una lista larga de lo que parece representar el éxito en decir, "y vi que todo era absurdo, un correr tras el viento" (Ecles. 2:11b). La realidad de este pasaje es que ninguna cantidad de logros puede obtener cumplimiento. Claro, necesitas un trabajo y dar lo mejor a tu jefe es la cosa bíblica que hacer. Sin embargo, haz las matemáticas. Todo el tiempo extra que das a tu trabajo reduce y roba lo que podrías dar a tu familia. Es posible superar esta decepción en hacer de tu familia una prioridad, no tu carrera. ¿Cómo defines el éxito? Dios define el éxito como un padre dirigiendo a su familia espiritualmente.

Decepción # 2 – Estoy haciendo esto para mi familia.

Decepción # 2 es otra falacia que ha cautivado a la gente en la cultura moderna. Varios hombres y mujeres sienten que para justificar Decepción # 1, tienen que usar Decepción # 2 como una excusa. La realidad del asunto es que no estás haciéndolo para tu familia; estás haciéndolo para ti mismo. Quieres verte bien frente a tu jefe, quieres la promoción, o quieres subir la escalera corporativa. Una vez más no estoy diciendo que estas cosas son malas. Sin embargo, cuando estas cosas constantemente quitan de tu tiempo en el hogar y fuera de las vidas de las personas con quien Dios te ha encomendado, hay un problema. "Lo que nuestras familias verdaderamente quieren es más de nosotros."16 Sencillamente, necesitan más de lo mejor de sus padres. Sin embargo, la realidad de la vida es que cuando llegas a casa después de un día ocupado, hay veces que tienes poco que dar. Rod Cooper dijo, "El asunto número uno que veo cuando aconsejo a adolescentes es que 90% están sufriendo con la depresión. La razón por la cual están deprimidos es porque no tienen con quien conectarse."17 En pocas palabras, tú eres la persona con quien conecta mejor. Por otra parte, tener otras personas significativas en su vida es importante también. No puedo enfatizar esto suficientemente; sin embargo, tú, encima de todos los demás, eres la persona indicada.

Tú puedes superar esta decepción por no esconderte detrás de esta excusa. Si esto es un asunto en tu vida, no pierdas otro minuto. Regresa a tu hogar y esté presente mentalmente y envuelto físicamente. Requiere balance. Una vez más, en tu mente, define el éxito. Dios define el éxito como un padre que pasa tiempo de calidad con su familia y se esfuerza para dirigirlos espiritualmente.

Decepción # 3 – El dinero resolverá mis problemas

Decepción # 3 es otra creencia errónea que ha cautivado a muchas personas en la cultura moderna. Sin lugar a dudas, las familias tienen que tener dinero; sin embargo, las familias tienen que evitar que el dinero los controle a ellos. Cuando los padres permiten que el dinero controle sus pensamientos, muchos problemas pueden surgir. El problema mayor que aparece, de acuerdo a Rod Cooper, es la mentalidad de "Creeping Decimalism"18. Cooper dijo, "Creeping dicimal-ism significa que tengo $10, luego quiero $100, entonces tengo $100, y luego quiero $1,000, etcétera."19 En realidad, más dinero solo crea más problemas que pueden resolver. Rey Salomón otra vez provee sabiduría en esta área. La Biblia dice en Eclesiastés 5:10-12, "Quien ama el dinero, de dinero no se sacia. Quien ama las riquezas nunca tiene suficiente. ¡También esto es absurdo! Donde abundan los bienes, sobra quien se los gaste; ¿y qué saca de esto su dueño, aparte de contemplarlos? El trabajador duerme tranquilo, coma mucho o coma poco. Al rico sus muchas riquezas no lo dejan dormir." El resultado final es que el éxito no se define por una carrera o dinero. Ninguna cantidad de dinero puede compensar por fracaso en el hogar. El dinero debe ser utilizado para provisión y ministerio, no para ser almacenado. Los hombres y mujeres pueden superar esta decepción por ver al dinero como una herramienta que últimamente le pertenece a Dios. Las familias necesitan que los padres persigan ser líderes espirituales no estar preocupado con ganar dinero. Estas decepciones son fuerzas poderosas. ¿Qué necesitas para por fin decir "no" a estas decepciones y decir "sí" a estar en casa más y criar a tus hijos?

Bobby Bowden, el entrenador por mucho tiempo del equipo de futbol americano de la Universidad del Estado de Florida, ha visto el efecto de los padres siendo mal ejemplos de primera mano. En un mensaje que dio en un evento de un Compartir de Atletas Cristianos, contó acerca de la vez que fue preguntado acerca del cambio que había visto en los jugadores que reclutó y de que fue entrenador. La pregunta fue, "¿Han cambiado los muchachos a quienes has entrenado durante los años?"20 Asombrosamente él dijo, "No, no han cambiado."21 Continuó diciendo, "Las personas que han cambiado son los padres."22 Luego aclaró su declaración en decir, "Los padres han dejado de criar a sus hijos."23

Haciendo la Conexión

Después que Moisés fue al cielo, Dios puso a Josué a cargo de guiar a la nación hebrea a la Tierra Prometida. Josué no tuvo miedo de enfrentar este reto, nunca vio nada demasiado grande para Dios, y quiso dar su vida en servicio al Señor. Como el hombre escogido de Dios, Josué llamó a todos los líderes de Israel para acordarles de la fidelidad y bondad del Señor y los retó a tomar una decisión acerca de su lealtad. Luego dijo, "Por mi parte, mi familia y yo serviremos al Señor" (Jos. 24:15b). Mira como él dice esto. Fue directo al grano. Su proclamación no solamente fue para él solo sino para todos que vivían bajo su misma dirección. Todos iban a ser servidores de Dios. Pero no pienses por un minuto que él fue el único en su hogar que amaba al Señor y todos los demás fueron obligados. ¡Para nada! Su familia entera amaba a Dios y quería servirlo porque lo vieron primero en la manera en que vivía su padre. El fue el líder espiritual de su hogar y estaba animando a los líderes de Israel a hacer lo mismo. ¿Y tú? ¿Eres el líder espiritual de tu hogar? Si eres padre soltero, el Señor te ha llamado a ser el líder espiritual de tu hogar. Tal vez eres el único padre interesado en discipular a sus hijos. Entonces el Señor te ha llamado a ser el líder espiritual de tu hogar. Si tienes esposo, entonces juntos denles a sus hijos lo que desesperadamente necesitan. No importa el case, tus hijos necesitan liderazgo espiritual.

Aplicaciones en el Hogar

Antes de acostarte esta noche toma tiempo para orar. Encuentra a alguien cerca de ti. Si eres soltero, pide a tu mejor amigo o a uno de tus padres. Si estás casado este es un ejercicio para hacer con tu esposo. Mantén en mente que esta persona debe ser alguien que te ama a ti y a tu familia. Pide a esta persona orar contigo específicamente acerca del crecimiento espiritual y futuro de tus hijos. Esto se puede hacer por teléfono, Skype o en persona. No importa quién es tu pareja de oración, este acto tiene el potencial para hacer diferencias radicales en el futuro de tus hijos. En adición, puede acercarte más a tu pareja de oración.

UN ENFOQUE DIFERENTE

Lee Esto Primero – Intro de Semana 4

El viejo refrán, "Todo sube y baja en el liderazgo" es verdadero. El deber tremendo que el Señor ha dado a los padres para dirigir a sus familias puede parecer muy difícil. Por eso es muy importante para los padres basar su estilo de liderazgo en principios bíblicos, que hace la lectura de esta semana tan esencial.

Nuestra aventura esta semana nos dará una oportunidad de explorar un significado más profundo detrás de la segunda parte de Proverbios 22:6. Esto es la parte del verso que dice, "Instruye al niño en el camino correcto." Vamos a profundizar en esta frase que nos dirige a descubrir cosas nuevas. Uno de los descubrimientos más grandes que haremos es nuestra necesidad de estar más informados y discernir acerca de la cultura en la cual viven nuestros hijos. Además, veremos la necesidad de ser aprendices de nuestros propios hijos.

Mientras continuemos leyendo esta semana, estaremos animados a investigar acerca del estilo de aprendizaje de nuestros hijos. Saber el estilo de aprendizaje de tu hijo tiene el potencial de abrir un mundo de oportunidades que te pueden ayudar en el esfuerzo de dicipular. Entonces, nuestro reto será utilizar la estrategia de DG2 que nos puede ayudar a dirigir a nuestros hijos en el camino correcto.

No toma ella en cuenta el camino de la vida; sus sendas son torcidas, y ella no lo reconoce. Pues bien, hijo mío, préstame atención y no te apartes de mis palabras. Aléjate de la adúltera; no te acerques a la puerta de su casa. (Prov. 4:6-8)

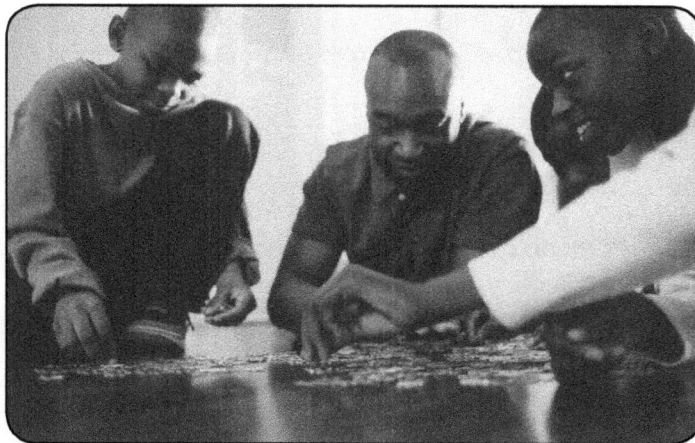

"Cuando todo falla, lea las instrucciones."
— Al Smith

Día 16

Manantial turbio, contaminado pozo, es el justo que flaquea ante el impío.
(Prov. 25:26)

James Merritt fue preguntado, "¿Qué consideras las tres cosas que atacan a la familia?" El respondió rápidamente, "Materialismo, medios de comunicación y moralidad."1

¿Estudias a tus hijos?

Hace años en seminario durante una clase de evangelismo nuestro profesor mostró un video llamado EE-Taow! La Nación de Mouk. El trubu de Mouk vive en Papua, Nueva Guinea. Eran muy supersticiosos, creyeron en reencarnación ancestral, y vivían con mucho miedo. Dios llamó a Mark y Gloria Zook como misioneros a este grupo de personas. El video muestra una recreación de la experiencia de la salvación de la tribu. Fue muy conmovedor y poderoso.

Viendo este video yo estaba fascinado con la historia de los Zooks, su sacrificio, y como compartieron el Evangelio. Los misioneros tomaron cerca de dos años para estudiar el lenguaje de los Mouk y su manera de vivir. Cuando los misioneros estuvieron listos para presentar el plan de salvación, invitaron al pueblo entero de 310 personas para escuchar las enseñanzas bíblicas. Para tres meses, los aldeanos se juntaban dos veces al día. De lunes a viernes cada sesión duraba casi una hora. Nadie en el pueblo perdió una sesión. Hasta si alguien estaba enfermo, otros los llevaba para escuchar la lección.

Los misioneros usaban una técnica de enseñanza llamado narración cronológico de cuentos. Este método lleva a la gente por cada punto clave de la Biblia en orden secuencial en un formato de narración. Empezando con las historias fundamentales del Antiguo Testamento, los misioneros enseñaron acerca de Dios y su grandeza, creación, pecado, el caído, y la necesidad de la salvación del hombre. Para dos meses los Zooks contaron acerca del Antiguo Testamento antes de por fin llegar al Nuevo Testamento. Introdujeron a Jesús como bebé y enseñaron acerca de su vida y ministerio. La gente Mouk se enamoró de Jesús y El se convirtió en su héroe. El tiempo llegó para contarle a la tribu acerca de la traición, muerte, sepultura y resurrección de Jesús. Durante una serie de días, los misioneros enseñaron a los aldeanos acerca del gran amor de Dios y el sacrificio de Jesús. El último día, los misioneros preguntaron a la gente Mouk que habían creído y muchos se pararon y evangelizaron acerca de su creencia en Cristo y el perdón de sus pecados. Uno detrás de otro la gente de la tribu se paró y anunció su fe en Cristo. Mark Zook dijo a los aldeanos, "Si realmente están creyendo lo que dicen entonces la Palabra de Dios dice que sus pecados están perdonados." Todo el mundo en la tribu comenzó a gritar, "EE-Taow," que significa, "es verdad." De momento, adoración espontánea comenzó y duró 2 ½ horas. El pueblo entero puso su fe y confianza en Cristo Jesús como su Señor y Salvador.

Esto es una historia maravillosa acerca del poder de Dios y su Palabra. Te exhorto a que hagas una búsqueda por Internet usando la frase "EE-Taow" y veas el video. Sin embargo, hay otra razón por la cual hablo de esto. El enfoque de los misioneros a la gente Mouk fue ingenio. Usaron principios y técnicas que los padres pueden usar en sus hogares para dirigir a su familia.

Los Zooks vivían en el pueblo de Mouk para dos años y estudiaron la cultura, lenguaje, y estilo de aprendizaje de la tribu. Durante esos dos años fueron capaces de conocer a la gente Mouk tan bien que descubrieron y prepararon un plan para mejor introducirlos a Cristo. Como resultado, ellos fueron capaces de compartir el Evangelio a los aldeanos y dirigir a la tribu entera a Cristo.

Durante esta semana de lectura, vamos a explorar las técnicas de los misioneros e implementar los principios que usaron ellos para discipular a nuestras familias.

Contaminación Cultural Zona Cero

¿Cuán bien entiendes la cultura en que viven tus hijos? Como bien sabes, es muy diferente que la cultura en que tú y yo nos criamos. El niño del siglo 21 vive por la palabra "variedad." Los niños están acostumbrados a tener billones de sitios de Internet a su alcance, cientos de canales en sus televisores, docenas de opciones en el menú de cualquier restaurante de comida rápida, y un sin número de tiendas en el centro comercial donde comprar. Les encanta la variedad. Los niños en la cultura de hoy están acostumbrados tener varias opciones cuando se trata de la religión. Los niños ven que tener opciones de acuerdo a lo espiritual es tener la mente abierta y ser aceptado socialmente. Piensan que tener una montaña de alternativas a Dios y la salvación es algo que abrazar. Walt Mueller confirmó esta idea cuando dijo,

En el mundo posmoderno de hoy en el cual la cultura (y muchos adolescentes) lleva la espiritualidad de la manga, tus hijos se encentrarán con una variedad de opciones espirituales, sistemas de fe, y combinaciones de los mismos que parecen bastantes atractivas. Además, el énfasis de nuestra cultura en el pluralismo, diversidad y tolerancia se ha creado un ambiente en el que las diferentes espiritualidades no son vistos como mutuamente excluyentes. De hecho, nuestra cultura lo ve como sabio y de mente abierta aceptar y combinar elementos de diferentes espiritualidades en tu propio sistema de creencias personales.[2]

Este modo de pensar no es bíblico y, a menudo puede conducir a la confusión con respecto a muchas verdades bíblicas. Un ejemplo se encuentra en algo tan simple como la salvación. La Biblia es clara. La fe salvadora real es exclusiva mutuamente por medio de Cristo y solo Cristo. Por otra parte, la cultura diría que hay muchas maneras de llegar al cielo. Los niños son bombardeados por la cultura de numerosas direcciones diferentes y en todos los niveles al respecto a la Biblia. Por lo tanto, los padres tienen que estar preparados para la avalancha de información malentendida que gira en torno a la cultura del siglo 21 y finalmente en las mentes de sus hijos.

Antes de que los padres puedan estar listos para combatir la inundación cultural de información errónea dirigida a los niños pertenecientes a los asuntos espirituales, primero necesitan entender de donde viene esa información errónea. Una influencia poderosa en la vida de tu hijo es la media. La media es una fuerza poderosa en la vida de un niño y por desgracia da forma a su forma de pensar de muchas maneras. El Internet, televisión, películas, y música inundan sus mentes diariamente con inconsistencias, negatividad, y información falsa con respecto a la religión. Tom McGrath compara varios de los señales mixtos que reciben los niños de la media con respecto al mensaje que Jesús proclama en la Figura 1.

Media vs. Jesús

La Media diría...	Jesús diría...
Te mereces un descanso hoy.	Toma tu cruz y sígueme.
Ten sexo en cualquier momento, dondequiera y con quien sea.	Tampoco yo te condeno; Ve y no peques más.
Satisface todos los apetitos lo más pronto posible.	No solo de pan vives.
Trata de ser número uno.	Busca primeramente el reino de Dios.
La apariencia lo es todo.	Bienaventurados los limpios de corazón.
Si estás enojado, está bien ser violento.	Pon la otra mejilla.
Personas extrañas no pertenecen.	El que cumple la voluntad de mi Padre es mi hermano, hermana y madre.
No reconozcas que un cuarto del mundo está muriéndose de hambre esta noche.	Hagas lo que hagas al más pequeño de éstos, lo hace a me. 3

Fig. 1. Media vs. Jesús

McGrath señala la gran diferencia y la realidad sorprendente de los dos puntos de vista. Está claro que la media favorece una mentalidad narcisista mientras la Biblia promueve una actitud desinteresada opuesta y forma de vida. Además, la educación pública, los compañeros y las sectas también son influencias que afectan la cultura actual cuando se trata de los asuntos espirituales.

Hay una explicación para este problema. Los investigadores han descubierto porque los niños están tan desviados por la opinión cultural. La razón vuelve a su falta de conocimiento sobre las verdades bíblicas. Christian Smith discute este punto en detalle. Smith entrevistó a varios adolescentes y encontró que faltaban "ideas religiosas y teológicas centrales."4 El dijo,

Cuando los adolescentes hablaron en sus entrevistas acerca de la gracia, usualmente estaban hablando acerca del programa de televisión que se llama Will y Gracia, no acerca de la gracia de Dios. Cuando los adolescentes hablaron de honor, casi siempre hablaron de tomar cursos de honores o sacar notas de honor en la escuela, rara vez de honrar a Dios con su vida. Cuando los adolescentes mencionaron ser justificados, casi siempre hablaron de tener una razón para hacer algo malo, no como su relación con Dios es justa.5

Smith resumió su análisis diciendo,

En resumen, nuestras transcripciones de entrevistas adolescentes claramente revelan que el idioma que domina los intereses y pensar de la vida de los adolescentes de los Estados Unidos incluyendo a la vida religiosa y espiritual, se trata principalmente de personalmente sentirse bien y ser feliz... Esto, creemos, tiene mayores implicaciones para la fe religiosa en serio intentando pasar de las creencias y prácticas establecidas de sus tradiciones históricas.6

Dado que los adolescentes y los niños más jóvenes no tienen un punto de referencia de la salvación o de otras verdades bíblicas, son capturados fácilmente por la ideología cultural.

Con base en estos resultados, la conclusión es sencilla. La cultura y ignorancia son los culpables de la tragedia de hoy. Sé que suena duro, pero los niños y adolescentes han sido mal guiados por la cultura, de tal manera que sienten que sólo pueden escoger y elegir lo que parece correcto para ellos y determinar su propio camino hacia el cielo. Sentimientos triunfan verdad. Las mentes de los niños de hoy están inundadas por la cultura pop. Tener conocimiento bíblico adecuado y creencias teológicas básicas son vistas como anticuadas. Los niños se ven inundados por mensajes falsos de la cultura con respecto a casi todas las áreas de la Biblia. Los padres se quedan con los niños que no tienen una adecuada comprensión de los temas fundamentales de Dios, la fe, el pecado, la gracia, y Jesús.

Es muy poco lo que puedes hacer para cambiar la cultura. Sin embargo, hay varias cosas que puedes hacer para mantener la cultura del cambio de su familia. Estudia la Biblia con su familia regularmente. Ora con y para ellos continuamente. Esté involucrado en una iglesia local que se mantiene firme en las Escrituras. Ten otras personas piadosas en su vida y en las vidas de sus hijos. Recuerde: todo comienza contigo. Ten en cuenta lo que dice Santiago, "La religión pura y sin mancha delante de Dios nuestro Padre es ésta: ...conservarse limpio de la corrupción del mundo." (Santiago 1:27).

Aplicaciones en el Hogar

Para que puedas estar al tanto de lo que tiene potencial de contaminar a tu familia, tienes que saber cuáles sitios de Internet son populares. Esté pendiente de cuales programas de televisión y películas tienen las mejores calificaciones. Muchas cosas que los niños ven demuestran a los padres como sirvientes, subordinados, o tontos. ¿No lo crees? Ve unos de los programas populares en el canal de Disney o Nickelodeon con esa idea en mente y lo verás. Finalmente, la música es importante. En esta área necesitarás investigar. Descubre quienes son los artistas y investigue su estilo de vida. Escucha las canciones y lee la letra mientras el artista cante la canción. Presta atención a su forma de vestir y escucha con cuidado de que hablan en sus entrevistas por la media. Desafortunadamente, esto solo es el comienzo. Sin embargo, te ayudará a entender mejor de donde viene la contaminación cultural y como resultado, encenderá un fuego y te ayudará a darte cuenta de la necesidad un estudiante serio de la cultura actual.

Día 17

Impárteme conocimiento y buen juicio, pues yo creo en tus mandamientos. (Salmo 119:66)

"Una inversión en conocimiento siempre paga el mejor interés."
— Ben Franklin

¿Estudias la cultura en la cual están creciendo tus hijos?

Yo tuve el privilegio de ser parte de un equipo misionero a la Republica Dominicana hace unos años atrás. Nuestro grupo viajó a tres lugares diferentes para hacer Campamentos de Niños que duraron el día completo. Dos de los tres lugares donde hicimos los campamentos se llaman bateyes. Los bateyes son, por falta de una palabra mejor, villa miseria. La mayoría de las personas que viven ahí viven en o blocaos o chozas de hierba. Una de las familias de cinco más afortunadas ahí vive con $8.00 a $10.00 semanalmente. Tienen pocas cosas materiales y hacen lo que pueden con lo que tienen. Hay un pozo en cada uno de los bateyes que la comunidad comparte. Para mí, un muchacho criado en Carolina del Norte, fue una experiencia reveladora poder ver personas viviendo en estas condiciones. En el campamento de niños, me dieron una oportunidad de enseñar unas historias bíblicas a los niños de edades elementares. En el avión de camino a República Dominicana, el líder del grupo me dio unos materiales y me dijo, "Quiero que uses este libro y enseñes estas historias la manera en que el recurso lo sugiere." Yo estaba de acuerdo y comencé a estudiar y prepararme para las lecciones.

El primer día, tuve mi libro listo e hice mi mejor esfuerzo para presentar la lección. El material fue escrito para que el maestro pudiera presentar la lección en un grupo, ajuste pequeño en un salón de clases, en un formato de estilo de conferencia. En cada campamento tuvimos más de cien niños. Dividimos a los niños en grupos de veinte y los hizo rotar entre arte, recreación, música y historias bíblicas. Mis clases estaban afuera, detrás del edificio de la iglesia, y debajo de un árbol. Mientras enseñaba a cada grupo, se me hizo muy difícil poder conectar con los niños. Se nos hizo muy largo el tiempo. El problema no fue los niños, sino yo. Yo sabía que estaba haciendo un trabajo horrible y aburrido con los niños. Tuve que hacer un cambio.

Esa noche me fui al líder del grupo y le pregunté si podía cambiar un poco las cosas en mi entrega. Los temas del material sugerido eran genial, pero necesitaba alejarme del estilo de conferencia que el libro pretende. Él estuvo de acuerdo. Volví a pensar en las condiciones que estaban viviendo, como debe ser la vida para ellos en los bateyes, y la cantidad de educación que tenían. Decidí usar el mismo mensaje que el material recomendaba, pero en lugar de un sermón hice una narración. Al día siguiente estaba muy emocionado. Con mi primer grupo, agarré dos niños del grupo y los hice actores. Tuvieron que actuar conmigo la lección, mientras les enseñaba en forma de historia. Fue todo un éxito, y tuvimos un gran tiempo aprendiendo sobre como Jesús resucitó a Lázaro de entre los muertos.

Siempre he querido volver a los bateyes y rehacer la lección utilizando el formato de narración. Tal vez algún día podre hacerlo. Tuve que aprender de manera difícil como alcanzar a mi audiencia, pero me enseñó un principio valeroso acerca de la enseñanza. Siempre hay que conocer a tu audiencia. Estúdialos y su cultura. Sepa como son, que les interesa, y sobre todo, como aprenden. Nunca olvidaré el poder de utilizar el método de la narración y cuanto me ayudó a conectar y comunicarme con los niños dominicanos.

Yo sé que muchos padres están en el mismo predicamento con el discipular a sus hijos como me pasó a mí en República Dominicana. No saben dónde comenzar, como conectar, o como comunicarse. Muchos padres cometen el error de tratar de discipular a sus hijos de la manera en que ellos mismos aprenden mejor. Eso no siempre es la mejor manera. Cada niño es diferente en su personalidad, capacidad mental, y estilo de aprendizaje. ¿Qué se supone que hagan los padres? ¡Tengo buenas noticias; la Biblia es la respuesta! Vamos a mirar a dos grupos de personas obscuras encontrados en la Biblia para tener una idea de cómo podemos superar este problema.

Tribu de Isacar

La tribu de Isacar era una raza especial de personas. La Biblia los describe como, "Eran hombres expertos en el conocimiento de los tiempos, que sabían lo que Israel tenía que hacer" (1 Cron. 12:32). Esta tribu era conocida por tener el don de discernimiento. Dios les había dado la capacidad de entender la cultura en la que vivían y para saber lo que tenían que hacer para tener éxito. Padres, consideren aceptar la filosofía de Isacar y estudiar la cultura en que viven sus hijos. Esta comprensión te permitirá relacionarte con tus hijos. El conocimiento de las modas actuales, las tendencias y eventos te ayudará a entender cómo tus hijos piensan y qué influye en sus actitudes. Esto le puede dar información valiosa para ayudar a tomar decisiones informativas y sabias para sus hijos y permitirte hacer la Palabra de Dios relevante en la vida de tu hijo.

Los de Tesalónica

Los de Tesalónica eran seguidores de Cristo que vivían en el día del Apóstol Pablo. Eran estudiantes excepcionales de la Palabra y estudiaron ferozmente las Escrituras para poder entender la verdad de Dios. La Biblia dice en Hechos 17:11, Éstos eran de sentimientos más nobles que los de Tesalónica, de modo que recibieron el mensaje con toda avidez y todos los días examinaban las Escrituras para ver si era verdad lo que se les anunciaba." Tal vez podrías adoptar la tenacidad de los de Tesalónica al respecto de los estudios de la Escritura para que tú también puedas conocer la verdad de la Palabra de Dios.

Cuando los padres deciden combinar mentalidad de Isacar a los de Tesalónica sobre la cultura y la verdad de la Escritura, Dios puede usarlos de una manera poderosa. No puedo enfatizar lo suficiente la importancia de la preparación personal para que estés capaz de hacer que sus hijos conozcan a Dios. Primero, sé estudiantes de la cultura y su influencia sobre tus hijos. En segundo lugar, sé grandes estudiosos de la Palabra de Dios. En tercer lugar, sé estudiante de cómo cada uno de sus hijos aprende…más sobre esto más adelante. En otras palabras, siempre conozca a tu público. Esto puede parecer no muy práctico, pero si vas a invertir el tiempo en descubrir el estilo de aprendizaje de cada uno de tus hijos, tiene el potencial de hacer un mundo de diferencia en su comprensión de la Biblia.

Ser un Isacar de Tesalónica en la Cultura de Hoy

Estudiar la cultura puede ser una tarea difícil para muchos padres. El mundo en que están creciendo tus hijos es muy diferente que el mundo que experimentaste. Muchas veces los padres se quedan atrás o se pierdan en la cultura de hoy. La música, vocabulario, media, tecnología y modales de hoy tienen poco o hasta ninguna semejanza a los de solo hace treinta años atrás. Para que puedas ser buen estudiante de la cultura actual, necesitas estar inmerso en lo que moldea el pensar de los niños de hoy. Si tienes hijos preescolares, debes pensar en ser más selectivo con los programas de televisión y películas que los permites ver. No te puede salir mal ser sobre protector en esta área. A medida que tus hijos crecen, debes ser muy familiar con los significados de las palabras y frases que usan, la música popular, la película más reciente, las bandas número uno, y las modas actuales de ropa. Estos pueden ser de gran influencia en sus vidas. Desafortunadamente, no para aquí. Si tienes hijos mayores, debes estar pendiente de la media social más reciente, los videos más calientes en el Internet, y los puntos locales. Debes tratar de estar al día con los videojuegos e iconos más populares. Tal vez una de las áreas más grandes para considerar cuando se trata de meterse en el mundo de tu hijo es saber donde tus hijos están pasando el tiempo, como usan su dinero (la mayoría del tiempo es tu dinero, no de ellos), los amigos que tienen, y quienes son sus novios. Tal vez piensas que estoy yendo muy lejos en este próximo; aguántate. Conozca a los padres de los amigos de tus hijos. ¿Tienen los mismos estándares que tú? ¿Qué permiten en su casa que tú no permites? Probablemente estás pensando, "Eso es simplemente ser entrometido." Está bien, entonces habla a un padre con hijos mayores que no están en los caminos del Señor y pregúntale si hubiera implementado una de estas sugerencias si lo pudieran hacer de nuevo. No importa la edad de tus hijos, los padres de sus amigos pueden ser de buena o mala influencia a tus hijos. Básicamente, tienes que estar envuelto en cada aspecto del mundo de tu hijo sin importar su edad. Resulta que puedes aprender acerca de y entender su cultura para que puedas saber que es de influencia para ellos, y entonces guiarlos en la dirección que honrará a Dios. Pero permíteme darte una palabra de advertencia. No cometas el error de tratar de ser parte de la cultura de tu hijo. No trates de adoptar los aspectos de la cultura de tu hijo en tu propia vida; solo será contraproducente para ti.

Una vez en un viaje de jóvenes, algunos de mis líderes pensaran que sería divertido hacer un video de mí usando vocabulario y gestos de la cultura de los estudiantes de hoy. Al principio no estaba seguro de lo que estaban haciendo, pero me fui con ellos. Comenzó muy limpio y divertido, pero tengo que ser honesto, fue difícil y raro para mí. Tuve un equipo de expertos de adolescentes trabajando conmigo en como anunciar cada silaba de cada palabra correctamente. Me enseñaron como ejecutar cada movimiento de su lenguaje corporal en su cultura. Me pusieron a decir como diez frases diferentes y usar varios gestos de mano a la cámara. Lo que se supone que tomara solo treinta minutos para grabar tomó tres días. Fue mucho trabajo. Una vez editaron y terminaron el video, me di cuenta de que se trataba el video. No era para demostrar como el pastor de jóvenes puede ser de moda y cuan relevante era a la cultura de los estudiantes de hoy. No, para nada. Simplemente querían burlarse de mí. También querían enviarme un mensaje diciéndome que no querían que usara su lenguaje porque me veía estúpido cuando lo usaba. Entendí rápido.

La media, entretenimiento, y tecnología son mucho más diferentes hoy que hace diez años atrás. Sin embargo, cada uno de estos elementos tiene grandes influencias en la vida de tu hijo. Por favor, no me malinterpretes. No tienes que actuar, vestirte ni hacer lo mismo que hacen tus hijos. Sin embargo, usted debe tener una comprensión de su cultura y lo que les influye. Desafortunadamente, esto lleva tiempo, pero es tiempo bien invertido.

Aplicaciones en el Hogar

Permíteme sugerirte unas ideas en como meterte en su mundo. Comparte con ellos viendo los programas de televisión y películas de tus hijos. Cuando estas cenando, comienza una conversación acerca de lo bueno y lo malo de lo que viste. La próxima vez que estas en el carro con tus hijos, pon la emisora favorita de tus hijos. Trata de escuchar su música y discute los artistas y la letra de sus canciones. A la hora de dormir pregúntale acerca de su día, que hicieron, y con quien pasaron el tiempo. Por las mañanas antes de que comience el día, habla con ellos acerca del evento de noticias más reciente, el juguete tecnológico más nuevo, o la moda de ropa actual. Cuando estás deliberadamente consciente de estos aspectos, serás capaz de discernir el efecto que tienen sobre tus hijos y entender mejor cómo puedes relacionarte con ellos en asuntos espirituales. Los padres deben estudiar la cultura de hoy en día para que puedan aplicar correctamente las verdades de la Biblia a la vida de su hijo para el mañana.

Día 18

Educa a tu hijo desde niño, y aun cuando llegue a viejo seguirá tus enseñanzas.
(Prov. 22:6 TLA)

"Apunta a nada y llegarás cada vez."
— Zig Ziglar

¿Cómo aprenden tus hijos mejor?

Es importante acordarnos del consejo paternal que Salomón dio a los padres acerca de su deber como discipuladores primarios. La Biblia dice, "Instruye al niño en su carrera: Aun cuando fuere viejo no se apartará de ella" (Prov. 22:6 RVA). Mirando hacia atrás al día 3 discutimos la palabra "instruir." "Instruir" en el hebreo original es chanak. De acuerdo a David Jeremiah, esta palabra tiene un significado único. Él dijo, "Una partera árabe frotaría dátiles triturados en el paladar de la boca del bebé para estimular la acción instintiva para chupar, para que el niño pueda ser alimentado. Con el tiempo el concepto de instruir llegó a significar "para crear una sed y un hambre en un niño para las cosas santas de la vida.'"7 Dios da a los padres el privilegio increíble de cultivar un hambre y una sed en las vidas de sus hijos en respecto a las cosas espirituales. ¿Cómo pueden los padres, que son creyentes en Jesucristo, ayudar a crear un apetito espiritual para el Señor en sus hijos? No conozco a muchos padres que no desean que sus hijos tengan una relación creciente con el Señor. Pero la mayoría de los padres no tienen idea de por dónde empezar, o se dan por vencidos muy pronto después de hacer varios intentos fallidos y pierden toda confianza. Es como tratar de alcanzar un objetivo cuando no se sabe dónde apuntar.

¿Te acuerdas de la caricatura Peanuts? Charles Schultz, creador de Charlie Brown y sus amigos, era uno de los mejores críticos sociales y teólogos del mundo. Por varios años, la caricatura Peanuts fue su plataforma para hacer comentarios relativos a la cultura y enseñar la verdad bíblica. Uno de los dibujos animados clásicos de Schultz tenía Charlie Brown en el campamento de verano. Él y los otros campistas estaban en el campo de tiro. Un campista comenta sobre la capacidad increíble de Charlie Brown para golpear tantos de los blancos. Charlie Brown dice: "Bueno, lo hago un poco diferente. Primero disparo la flecha y luego voy y dibujo una círculo alrededor de donde golpea."8 Esa es una manera de construir confianza. Dibujar blancos después de disparar su flecha garantiza siempre dar en el blanco. Conozco a algunos padres que desean que discipular fuera tan fácil. De todos modos, la pregunta que debe plantearse de nuevo: ¿cómo pueden los padres generar un hambre para el discipulado en cada uno de sus hijos? ¿Cómo pueden los padres apuntar correctamente al objetivo correcto y golpearlo con confianza? La respuesta, por supuesto, se encuentra en la Biblia.

La Biblia tiene todas las respuestas y interesantemente, la respuesta se encuentra en el mismo versículo que hemos discutido. La frase traducida "en su carrera" es la palabra hebrea derek. De acuerdo a blueletterbible.com la frase significa, "camino, carretera, distancia, manera, viaje, dirección, forma, hábito, del curso de la vida (fig.), de carácter moral (fig.)."9 Chuck Swindoll en su libro, Parenting: From Surviving to Thriving (Crianza: De Sobrevivir a Prosperar), dio una excelente descripción de lo que es la palabra derek. El dijo,

Una imagen visual asociada con derek es el del arco de un arquero, que tiene una inclinación natural... Cada niño, como un arco, viene con una forma, o una inclinación, que es natural para él o ella. Si el arco es ser útil, no puede permanecer en su estado natural relajado. Un arquero debe

trabajar con la inclinación característica del arco, para que pueda doblar la madera en la dirección correcta y la cadena de modo que podría convertirse en una fuente de poder.10

No sólo son los padres responsables de la producción de un hambre y una sed de sus hijos, la Biblia manda que crean este deseo a través de su "inclinación" natural. John White, de Bible.org, hizo esta declaración en relación a Proverbios 22:06. Dijo:

Salomón exhorta a los padres a aprender bien las características únicas de sus hijos. Él sabía que la formación espiritual, para ser eficaz, debe ser "codificado" de manera diferente para cada niño para que el niño vaya a abrazarla y, como él o ella se madure, ser formado por ella. ¿Ese entendimiento deja a este versículo desdentado? No lo creo. ¡Lo que hace es dar a los padres el reto de sus vidas, para dar forma a la verdad de Dios en una flecha bien dirigida que da en el blanco en el corazón de un niño!11

Su comentario arroja una nueva perspectiva sobre la palabra derek. Cada niño tiene un código único que permite a él o ella a aprender. Los padres deben considerar el estudio de su maquillaje, tendencias y hábitos naturales de aprendizaje y personalizar su estrategia de discipulado. Como discipuladores primarios, es tan importante descubrir la inclinación natural de tu hijo como alumno con el fin de saber cómo discipularlos mejor.

Dios ha diseñado a cada persona únicamente, y El desea que la gente gane conocimiento de Él, el mundo y ellos mismos. Sin embargo, la gente recibe y procesa información diferentemente. Los niños y adolescentes reciben información en una de tres maneras básicas llamadas estilos de aprendizaje. Los educadores describen los tres estilos de aprendizaje como visual, auditivo, y kinestético. Los diferentes estilos de aprendizaje se explican en detalle a continuación:

Los alumnos visuales procesan nueva información mediante la lectura, mirando a los gráficos, o viendo una demostración. Los niños con este estilo de aprendizaje pueden captar información que se presenta en una tabla o gráfica, pero pueden crecer impaciente por escuchar una explicación.

Los estudiantes auditivos prefieren escuchar las explicaciones sobre su lectura y pueden preferir estudiar recitando la información en voz alta. Este tipo de estudiante puede querer tener música de fondo mientras se estudia, o puede ser distraído por ruidos y necesita un espacio tranquilo para estudiar.

Alumnos kinestéticos aprenden haciendo y tocando. Pueden tener problemas para permanecer sentados mientras estudian, y son más capaces de entender la información por escribirla o hacer prácticas en actividades.12

El Señor ha dado a cada individuo un estilo diferente de aprendizaje, o inclinación, cuando se trata de recibir y procesar información. Ha sido determinado por educadores que un niño normalmente aprende mejor utilizando una combinación de estilos diferentes de aprendizaje; sin embargo, mayormente se prefiere un estilo de aprendizaje más que los otros dos. Hay que aclarar una cosa. Aprender no se trata de cuan inteligente sea una persona. Aprender se trata de la inclinación que Dios ha dado a una persona para utilizar mientras aprende. Los Asociados de Propósito dicen, "La teoría de los estilos de aprendizaje implica que la cantidad que aprende un individuo tiene más que ver con si su experiencia educacional se dirige a un estilo de aprendizaje en particular que si es o no es 'inteligente'. De hecho, los educadores no deben preguntar, '¿Es el estudiante inteligente?' sino '¿Cómo es el estudiante inteligente?'"13 Por lo tanto, es vital para los padres descubrir cuál es la inclinación de su hijo. Encontrar cual es la inclinación de un niño no es una ciencia compleja, sin embargo es una ciencia. Hay numerosos métodos accesibles en el Internet para ayudar en esto. Toma el tiempo para determinar el estilo de aprendizaje de tu hijo para que puedas implementar apropiadamente una estrategia de discipular. Aprender puede ser más fácil y valioso cuando se sabe cuál es la inclinación de tu hijo y se usa la propia técnica de aprendizaje. Saber la inclinación única de cada niño en tu hogar puede abrir un nuevo mundo de aprendizaje y confianza.

Cuando Víctor Seribriakoff tenía quince años, su maestro le dijo que nunca iba a terminar la escuela ni llegar a nada. El maestro también dijo que era un "burro", debía abandonar la escuela y aprender un oficio. Víctor pensó largo y tendido. Finalmente, decidió seguir el consejo de su maestro. Durante los próximos diecisiete años pasó de un trabajo a otro sin rumbo ni propósito a su vida. Dado que su maestro le dijo que era un "tonto", actuó así mismo. A la edad de treinta y dos años algo increíble sucedió en la vida de Víctor. Se le dio una prueba para medir su Coeficiente Intelectual. La puntuación reveló que era un genio. ¡Víctor Seribriakoff tenía un coeficiente intelectual de 161! Como resultado, comenzó a actuar como un genio. Con su nueva confianza, Víctor comenzó a escribir libros, se convirtió en un inventor, y tuvo una exitosa carrera en los negocios.

Aplicaciones en el Hogar

Haz una búsqueda de Internet utilizando las palabras, 'pruebas de estilos de aprendizaje.' Encontraras numerosas pruebas disponibles gratis. Hay algunos que requieren una pequeña cuota, pero esa es tu decisión. Toma unos minutos para tomar una prueba corta y determina tu propio estilo de aprendizaje. Entonces invita a cada persona en tu familia tomar esa prueba. Si tus hijos son muy pequeños para tomar una prueba, sería buena idea que contestaras las preguntas con ellos en mente. Este ejercicio será valioso para ti como padre saber cómo cada uno de tus hijos aprende mejor.

Día 19

Cuando las cosas se piensan bien, el resultado es provechoso. Cuando se hacen a la carrera, el resultado es desastroso. (Prov. 21:5 TLA)

"Los educadores han sido conscientes de que el aprendizaje no es una talla única para todos. En una clase típica, algunos niños procesan la información mejor al escuchar el profesor explicar, algunos aprenden por ver lo que está en la pizarra, y otros aprenden a través de ejercicios prácticos."
— Emily Graham, de schoolfamily.com

¿Cuál es tu estrategia?

The Rumble in the Jungle (El Estruendo en la Selva) era uno de los más grandes y memorables combates de boxeo en la historia del Campeonato Peso Pesado. El 30 de octubre de 1974, Muhammad Ali y George Foreman combatieron en Kinsasha, Zaire. Ali era conocido como un luchador técnico. Podía sumar puntos en un partido con rapidez en cualquier ronda con su delicadeza y rapidez. Por otro lado, Foreman era conocido como "el matón." Él se acercaba cada pelea con dos cosas en mente. Golpear duro y hacer la pelea la más corta posible. Los dos luchadores no podían ser más diferentes.

Al comenzar la primera ronda, nadie se sorprendió cuando Ali conectó varios puntos con su habilidad y velocidad. Pero Ali tenía un problema; Foreman se inmutó. Al final de la primera ronda Ali sabía que algo tenía que cambiar. Con el sonido de la campana para comenzar el segundo asalto, Ali salió con una nueva estrategia. Foreman se produjo después de Ali y comenzó una avalancha de golpes fuertes y golpes poderosos. Sin embargo, Ali colocó sus brazos cerca de su cuerpo para la protección. Mientras la segunda ronda avanzaba, Foreman comenzó a cansarse. En momentos oportunos, Ali se sostenía contra Foreman que le obligó a cargar su peso. Esto también fatigó a Foreman. En la quinta ronda Foreman ya estaba agotado. La estrategia de Ali estaba funcionando. Ali comenzó a aterrizar golpes con una precisión asombrosa a la cabeza y el rostro de Foreman. Al comenzar el octavo asalto, la fuerza de Foreman se había ido. Sus golpes eran débiles e improductivos. Muhammad Ali recuperó su título al noquear a George Foreman en el octavo asalto. Más tarde, en una entrevista, Howard Cosell preguntó Ali por su táctica de apoyarse en las cuerdas, cubriendo su cuerpo con sus brazos, y la absorción de los golpes de Foreman. Ali llamó a su nueva estrategia de la "Rope-a-dope".

La estrategia brillante de Muhammad Ali valió la pena. Estuvo capaz de utilizar su cuerpo para absorber los cantazos de Foreman para eventualmente cansarlo y ganar a su rival más poderoso. La estrategia correcta funciona cuando se ejecuta apropiadamente. ¿Tienes una estrategia para disciplinar a tus hijos? Créelo o no, así como Ali y Foreman estás en el Estruendo en la Selva. Tu pelea es para el tiempo, la atención y la eternidad de tus hijos. Pero tu pelea no es con tu hijo, para nada. Es con el Diablo. El quiere nada menos que robar, matar y destruirte y todos tus esfuerzos cuando se trata de discipular a tu familia. Tenlo por seguro que si no tienes un plan de estrategia fija para discipular en tu hogar, para Satanás se le hará fácil causar un caos y dañar tus intentos de guiar a tu familia.

El Señor ha puesto en la vida de cada padre un regalo especial. La Biblia dice, "Los hijos son una herencia del Señor, los frutos del vientre son una recompensa" (Salmo 127:3). Con esto regalo viene responsabilidad. A los padres se les da el deber de ser los discipuladores primarios de los niños en su hogar. El Rey Salomón dio instrucciones especiales para los padres cuando dijo, "Instruye al niño en su carrera: Aun cuando fuere viejo no se apartará de ella" (Prov. 22:6 RVA). Como el hacedor de discípulos primario, el Señor espera que los padres produzcan un hambre en sus hijos para Él mientras crezcan y se maduren. Cuando sepas el estilo de aprendizaje de tu hijo, serás capaz de ayudarlo a crecer en su relación con el Señor. Especialmente en su adolescencia, Dios desea que los padres cultiven un fundamento de una fe sólida en sus hijos. Tener un fundamento sólido les dará la habilidad de tener una vida larga y prospera que complacerá al Señor.

Para que este fundamento esté sólido, es importante enfocarse en cinco aspectos importantes del discipulado. Los padres tienen la oportunidad de plantar firmemente en la vida de sus hijos el deseo de conocer la Palabra de Dios, para vivir una vida de oración, de practicar disciplinas espirituales, para compartir su fe, y para servir a los demás. En pocas palabras, los padres llegan a enseñar a sus hijos a amar a Dios y amar a los demás. Una forma de crear una base sólida es que los padres utilicen una herramienta bíblica llamada "La Guía de Crecimiento en el Discipulado (DG2)." Tú serás capaz de utilizar esta herramienta para ayudar a guiar el crecimiento espiritual de tu hijo en estas cinco áreas. El DG2 no es un programa de discipulado o de estudio de la Biblia, sino que es una forma en que el discipulador bíblicamente puede dirigir el proceso global en el esfuerzo de hacer discípulos.

Los padres serán capaces de cultivar estas cinco áreas en las vidas de sus hijos cuando se sientan juntos, cuando caminan juntos, cuando se acuestan, y cuando se levantan por la mañana. Mientras que los padres pasen tiempo con sus hijos, intencionalmente hacen estas cinco áreas una parte natural de sus conversaciones. Como discipuladores primarias, podrás animar a tus hijos en estos cinco aspectos importantes para asegurar el crecimiento espiritual apropiado. Las cinco áreas son:

Lectura de la Biblia

Lectura Diaria de la Biblia – Un discípulo necesita leer la Palabra de Dios todos los días. El objetivo no es que leas la Biblia completa, sino que la Biblia haga una diferencia en ti. La Biblia dice, "Entonces Dios me dijo: «Ezequiel, cómete este libro, y llena tu estómago con él». Yo tomé el libro y me lo comí, y su sabor era tan dulce como la miel" (Ezeq. 3:2 TLA).

Lectura Anual Sistemática de la Biblia – La Palabra de Dios debe ser comprendida como un todo no solo una parte. La Biblia dice, "Esfuérzate por presentarte a Dios aprobado, como obrero que no tiene de qué avergonzarse y que interpreta rectamente la palabra de verdad" (2 Tim. 2:15).

Procesamiento de las Escrituras – Dios desea que sus discípulos no solamente lean la Palabra sino que la vivan. La Biblia dice, "No se contenten sólo con escuchar la palabra, pues así se engañan ustedes mismos. Llévenla a la práctica" (St. 1:22).

Tiempo de Oración

Tiempo Diario de Oración – Un discípulo necesita tomar tiempo durante cada día para tener una conversación con Dios. La Biblia dice, "Jesús les contó a sus discípulos una parábola para mostrarles que debían orar siempre, sin desanimarse" (Lc. 18:1).

Enfoque de Oración – Un discípulo debe orar con adoración. La Biblia dice, "Padre nuestro que estás en el cielo, santificado sea tu nombre" (Mt. 6:9). Un discípulo necesita orar y pedir perdón. La Biblia dice, "Si confesamos nuestros pecados, Dios, que es fiel y justo, nos los perdonará y nos limpiará de toda maldad" (1 Jn. 1:9). Un discípulo debe orar con agradecimiento. La Biblia dice, "Alaben al Señor porque él es bueno, y su gran amor perdura para siempre" (1 Cron. 16:34). Un discípulo necesita orar por sus necesidades. La Biblia dice, "Danos hoy nuestro pan cotidiano" (Mt. 6:11). Un discípulo debe orar por los demás. La Biblia dice, "y oren unos por otros, para que sean sanados" (St. 5:16b).

Aplicación de Oración – Dios desea que pase tiempo significativo y de calidad con Él. La Biblia dice, "Acerquémonos, pues, a Dios con corazón sincero y con la plena seguridad que da la fe" (Heb. 10:22).

Disciplina Espiritual

Memorización de Escritura – Un discípulo debe mantener la Palabra de Dios en su memoria. Como una regla, una persona debe tener por lo menos dos versículos Bíblicos memorizados por cada año que ha sido seguidor de Cristo. La Biblia dice, "En mi corazón atesoro tus dichos para no pecar contra ti" (Salmo 119:11).

Diezmar – Se les ordena a los creyentes devolverle al Señor. Nunca eres más como el Señor que cuando das. Dar a tu iglesia local un porcentaje de lo que Él te permite recibir es importante. No se trata de cuando da una persona, sino con cuanto se queda. La Biblia dice, "Traigan íntegro el diezmo para los fondos del templo" (Mal. 3:10).

Ayunar – Ayunar de vez en cuando del entretenimiento, el Internet, comida y otras cosas ayuda a mantener la vida en perspectiva. Ayunar provee una oportunidad de echar para el lado las distracciones y enfocarse solamente en Dios. La Biblia dice, "Pero tú, cuando ayunes, perfúmate la cabeza y lávate la cara para que no sea evidente ante los demás que estás ayunando, sino sólo ante tu Padre, que está en lo secreto; y tu Padre, que ve lo que se hace en secreto, te recompensará" (Mt. 6:17-18).

Evangelizar

Orar por los perdidos – Evangelizar comienza con orar por los perdidos. Los discípulos deben estar orando específicamente por personas que no conocen al Señor. La Biblia dice, "Hermanos, el deseo de mi corazón, y mi oración a Dios por los israelitas, es que lleguen a ser salvos" (Rom. 10:1). La palabra de Pablo para la oración literalmente significa rogar. Los discípulos deben rogar a Dios por la salvación de sus amigos, familiares y otros.

Prepararse para Guiar a otros – Los discípulos necesitan aprender a guiar a otros a Cristo. La Biblia dice, "Estén siempre preparados para responder a todo el que les pida razón de la esperanza que hay en ustedes" (1 Pedro 3:15).

Habla de Dios – Dios espera que su discípulo comparta las buenas nuevas del evangelio. Los discípulos pueden hablar regularmente de Dios en sus conversaciones e invitar a otras personas a discutir asuntos espirituales. La Biblia dice, "Vayan por todo el mundo y anuncien las buenas nuevas a toda criatura" (Marcos 16:15).

Ministerio

Descubrir sus dones – Los discípulos necesitan descubrir los dones que Dios les ha dado. La Biblia dice, "Tenemos dones diferentes, según la gracia que se nos ha dado. Si el don de alguien es el de profecía, que lo use en proporción con su fe" (Rom. 12:6).

Usar sus dones – Dios ha confiado en sus creyentes con unos dones para servir a otros. Los dones no son para esconder o utilizar egoístamente. La Biblia dice, "Cada uno ponga al servicio de los demás el don que haya recibido, administrando fielmente la gracia de Dios en sus diversas formas" (1 Pedro 4:10).

Enfocarse en amor – Dios ha dado a los creyentes unos dones para servir a otros con amor. La Biblia dice, "Ustedes, por su parte, ambicionen los mejores dones. Ahora les voy a mostrar un camino más excelente." (1 Cor. 12:31).

Tenga en cuenta que el verdadero objetivo del discipulado es llegar a ser más como Jesús. El discipulado no es algo que puede ser apresurado, sino que es un proceso de toda la vida. Toma tu tiempo. Concéntrate en una o dos partes de la DG2 a la vez. ¿Recuerda el ejemplo del elefante de la lectura de 10 días? No te excedas. Añade más elementos cuando te sientes que tus niños están listos. DG2 es un punto de comienzo que da a los padres lo que necesitan para proveer las bases para promover el crecimiento espiritual genuino. DG2 puede ayudarte a llevar a tus hijos a seguir a Cristo todos los días, ser transformado en Cristo por completo, y entregarse a Cristo completamente. Cuando utilizas alguna de estas cinco áreas importantes en tus esfuerzos de discipulado, se puede saber con seguridad que tus hijos tendrán una base sólida como discípulo y ahora "no se apartará de él" (Proverbios 22:6b NVI) cuando estén mayores.

Dr. John Geddie fue a Aneityum en 1848 como misionero. Aneityum es la isla más meridional de Vanuatu en la costa oriental de Australia. Tuvo la visión de alcanzar a la gente Aneityum para Cristo. Trabajó duro compartiendo el Evangelio durante veinticuatro años. Hoy en día, una tableta de piedra, colocada en su honor, se inscribe con estas palabras:

Cuando aterrizó, en 1848, no había cristianos.
Cuando se fue, en 1872, no había paganos.

Tomó paciencia, fidelidad, perseverancia, dedicación, y enfoque para lograr su objetivo de alcanzar a la gente de Aneityum con la verdad del evangelio. Él hizo la diferencia, pero tomó tiempo. ¿Estarás dispuesto a hacer lo mismo para alcanzar la meta en discipular a tus hijos?

Aplicaciones en el Hogar

Esta noche antes de acostarse, reúnanse en el cuarto de alguien con una hoja de papel y un bolígrafo. Pídele a cada persona mencionar el nombre de alguien que conoce que no conoce al Señor y escribe su nombre en la hoja. Las personas en la lista deben ser familiares, vecinos, compañeros de clase y trabajo. Entonces vayan al Señor en oración y rueguen a Dios por su salvación. (Referencia Romanos 10:1)

Día 20

Y todo lo que hagan, de palabra o de obra, háganlo en el nombre del Señor Jesús, dando gracias a Dios el Padre por medio de él (Col. 3:17).

"Los líderes establecen la visión para el futuro y la estrategia para llegar allí"
— John P. Kotter

¿Sabes cómo hacer las cosas?

Cuando Abby y Adam eran pequeños, nos bendecían a mi esposa ya mi de vez en cuando con un festival de baile espectacular. Nuestra hija, Abby, que tenía cinco años en aquel entonces, se vestía con su leotardo y bailaba con elegancia por el suelo mientras que la música sonaba suavemente en el fondo ya que nos sentábamos en la esquina. Ella hipnotizaba a su madre y a mí con su movimiento fluido y arte deslumbrante. Abby, sin embargo, nunca fue una para dejar a su hermano pequeño del entretenimiento de la familia. Adán, que tenía dos años, también entraba en el acto. Su hermana le hizo unirse a la presentación como su pareja, pero vestido con un tutú rosa. Venía corriendo a través de la madriguera más como un jugador de futbol americano que un bailarín. Juntos saltaban y giraban en el escenario y directo a nuestros corazones. Al final de su actuación, su madre y yo aplaudíamos con la risa y alegría. Eran tiempos de que nunca olvidaremos. Por mucho tiempo no pude entender como Abby era capaz de persuadir a su hermano a usar el tuto rosa tan fácilmente. Entonces caí en cuenta. Adam siempre quería hacer a los demás reírse. A él le gustaba ser el centro de la atención. Abby lo entendía y sabía cómo utilizarlo de su ventaja. Era una maestra en hacer las cosas y todavía lo es.

¿Cómo estás en hacer las cosas? Vamos a tomar los últimos días de la lectura y poner a todos juntos. Ahora que entiendes el estilo de aprendizaje de tu hijo y sabes de qué se trata el Guía de Crecimiento Discipulado (DG2), podemos combinar los dos. Esperemos que a través de la lectura de hoy seas capaz de encontrar una estrategia para ayudar a que tus hijos se convierten en discípulos sólidos de Cristo. Pero hay que recordar una cosa muy importante. Sé selectivo y no te dejes confundir con todas estas ideas. ¡Tu trabajo como discipulador de tu hijo está en el largo plazo a fin de tomar en cuenta que tienes tu propio ritmo!

Inclinación Visual

Para que un niño que tiene una inclinación visual, los padres puedan fácilmente implementar la estrategia de DG2. A un aprendiz visual le gusta usar fotos, mapas, tablas, y otros recursos visuales para aprender de Dios y su Palabra. También, un niño que tiene una inclinación hacia el estilo de aprendizaje visual necesita estar capaz de ver el pasaje actual de la Biblia. Tienen la tendencia de acordarse donde algunos versículos están ubicados en una página. Los padres pueden exhortar a sus hijos a tomar tiempo solos cada día para sacar su Biblia y leerla solo. En adición, los padres pueden recomendar que mantengan un diario de oración de cómo Dios ha estado trabajando en sus vidas. Memorizar Escritura y aprender una presentación evangélica no son difíciles para niños con una inclinación visual. Estos atributos pueden ser procesados fácilmente en conversaciones con niños cuando los padres "cuando estén en su casa y cuando vayan por el camino, cuando se acuesten y cuando se levanten (Deut. 6:7).

Lectura Bíblica – A los niños con una inclinación visual les gustan las fotos. Los padres pueden exhortar a sus hijos a imaginar las escenas bíblicas en sus mentes y como podría haber parecido. Los padres pueden ayudar a sus hijos a visualizar a la gente, las cosas que hacían y las cosas que estaban utilizando. Esto ayudará a los niños a experimentar la escena en sus mentes y promover aprendizaje adecuado de la Biblia. Este proceso puede ser utilizado con casi cada pasaje en la Escritura. Los padres deben promover el uso de resaltadores y tomar notas cuando su hijo estudia. También es importante para los niños ir a un lugar callado cuando leen la Biblia.

Tiempo de Oración – Los niños con una inclinación visual usualmente son organizados y les gusta ver cosas para poder aprender. Los padres pueden exhortar a sus hijos a escribir sus oraciones o lista de peticiones. Se podrían llevar a categorizar sus listas en secciones lógicas para ayudarles a organizar sus pensamientos. Mientras oran todos los días, los padres deben alentar a sus hijos a visualizar a las personas y lugares que han listado. Esto le ayudará a conectarse a sus corazones con sus listas.

Disciplinas Espirituales – Un niño con una inclinación visual sobresaldría en la memorización de Escritura. La gente visual tiende a imaginar las palabras y acordárselas bien. Los padres pueden poner a sus hijos a escribir versos en tarjetas y mirarlas regularmente para memorizarlos. Los padres deben alentar a sus hijos a dividir los versos en secciones. Mientras aprenden cada parte, podrán memorizar el versículo más fácilmente. Si un niño no tiene una entrada económica, los padres pueden dejarlos echar la ofrenda en la iglesia. Si tienen trabajo, los padres deben exhortarlos a diezmar. Cual sea el caso, los padres deben asegurarse hablar de y mostrarle a su hijo como ayuda el dinero dentro y fuera de la iglesia. Esto los ayudará a visualizar donde va el dinero y para qué es. Los padres también deben exhortar a sus hijos a leer los versos acerca de diezmar y ayunar. Esto los ayudará a entender mejor la importancia de estas disciplinas.

Evangelizar – Hay varios métodos de evangelizar y planes de salvación que pueden aprender los niños. Los padres pueden poner a sus hijos a memorizar varios de estos métodos de cómo dirigir a la gente a Cristo. Entonces los padres deben ayudar a sus hijos a imaginar las situaciones de evangelizar y ayudarlos a practicarlos. Mientras Dios les dé la oportunidad de dar el plan de salvación a alguien, los niños estarán más confiados y preparados.

Ministerio – Los niños que tienen inclinación visual prosperan ministerialmente en un ambiente donde pueden estar en la parte delantera de la planificación de eventos y actividades. Los padres deben exhortar a sus hijos a utilizar sus dones para ayudar con la planificación u organización.

Inclinación Auditiva

Para los niños que están más orientados con una inclinación auditiva, los padres pueden aplicar fácilmente la estrategia DG2. Debido a que estos niños sobresalen cuando se puede procesar la teología hablando de él, los padres deben crear un ambiente en el hogar que da la bienvenida a un debate abierto. Los padres deben alentar a sus hijos a participar en un estudio bíblico y grupos de oración, memorizar las Escrituras, escuchar música cristiana, y suscribirse a sus maestros favoritos de la Biblia. Después, los padres pueden ayudar a sus hijos a procesar sus descubrimientos cuando "cuando estén en su casa y cuando vayan por el camino, cuando te acuestes y cuando te levantes (Deut. 6:7). Los niños con una inclinación auditiva ser convierten en excelentes evangelistas y servidores en ministerios.

Lectura Bíblica – Los niños auditivos aprenden mejor cuando escuchan la información verbalmente, aun cuando no es su propia voz. Los padres pueden poner a sus hijos a leer la Biblia en voz alta y escuchar prédicas o una Biblia en audio regularmente. Cada día, los padres deben encontrar tiempo para tener discusiones con sus hijos acerca de que están leyendo. Aprendices auditivos típicamente son habladores y les gustan las discusiones para procesar lo que están estudiando. Los padres necesitan hacerles muchas preguntas a sus discípulos.

Tiempo de Oración – A los niños con una inclinación auditiva les encanta escuchar su propia voz. Los padres deben alentar a sus hijos a orar diariamente en voz alta o cantar su oración a Dios. En el hogar, los padres pueden ponerlos a orar en voz alta antes de comer o acostarse. Esto les ayuda a estar más cómodos cuando tienen oportunidades de orar en público. Los padres también deben exhortar a sus hijos a hacerlo un hábito de verbalmente adorarle a Dios, confesar sus pecados, darle gracias al Señor, y personalmente orar por los demás. Cada día, los padres deben buscar tiempo para tener discusiones con sus hijos acerca de que están orando y ayudarlos a procesar lo que está pasando en su vida.

Disciplinas Espirituales – Un niño con inclinación auditiva es proficiente cuando se trata de memorizar la Escritura. Los aprendices auditivos memorizan bien cuando dicen el versículo en voz alta o lo ponen con música. Cantar la Escritura usualmente le es fácil a un aprendiz auditivo. Este tipo de aprendiz será exitoso cuando usa repetición para memorizar. Los padres también deben enseñar a sus aprendices auditivos acerca de sus disciplinas espirituales como diezmar y ayunar. Un padre puede leer y discutir con ellos los pasajes de la Biblia que enseñan la importancia de estos temas.

Evangelizar – Los niños auditivos pueden presentar el plan de salvación bien por sus buenas habilidades oratorias. Cuando tienen una presentación que es fácil de acordar, un niño auditivo puede ser utilizado por Dios para dar el plan de salvación efectivamente. Los padres necesitan ayudar a sus hijos a practicar a presentar el evangelio para darles confianza y hacerlos más proficientes.

Ministerio – Los niños que tienen inclinación auditiva prosperan en ministerios que los permiten a usar su habilidad de hablar. Ellos pueden ser utilizados en una variedad de oportunidades de hablar en público dentro y fuera de la iglesia. Los padres pueden tener que entrenar a sus hijos a través de cualquier miedo escénico que pueden experimentar, sin embargo, vale la pena el esfuerzo en el largo plazo. Los padres también pueden alentar a sus hijos a ser voluntarios en organizaciones como anfitriones, recepcionistas y guías turísticos.

Inclinación Cinestética

Los padres con niños con una inclinación de aprendizaje cinestético tienen mucho trabajo delante. Afortunadamente, los expertos de 1dpride.net indican que solo una pequeña porción de individuales tienen este estilo de aprendizaje como una inclinación primaria. Sin embargo, hay algunas maneras útiles para que pueda implementar la estrategia de DG2. Como discipuladores primarios, los padres pueden utilizar pequeños dramas, lecciones objetivos, y películas para ayudar a sus estudiantes a saber más acerca de Dios y su Palabra. Los viajes a sitios religiosos o instituciones también ayudan en su experiencia de aprendizaje. Los padres pueden solidificar el conocimiento de su hijo a través de ritos y aplausos para ayudar a aclarar la información y memorizar la Escritura. La clave es hacerlo interactivo. Es importante que los niños con una inclinación cinestética estén activos en evangelismo y ministerios en su iglesia. Como resultado, los padres pueden ayudar a sus hijos a procesar sus experiencias "cuando estén en su casa y cuando vayan por el camino, cuando se acuesten y cuando se levanten" (Deut. 6:7).

Lectura Bíblica – A los niños con una inclinación cinestética les gustan las actividades experimentales. Los padres deben tratar de crear un ambiente que permite un descubrimiento interactivo de la Escritura. Los padres pueden usar objetos y accesorios para enseñar a sus hijos y ayudarles a relacionarse con la Biblia. Tener a los niños actuar una historia mientras el padre lee en voz alta ayuda a entender el pasaje en un nivel más profundo. Estas técnicas se pueden aplicar en prácticamente cada parte de la Escritura. Los padres también pueden promover el uso de marcadores y tomar notas cuando sus hijos estudian la Biblia. Los padres deben ser conscientes de que los niños con una inclinación cinestética necesitan tomar descansos frecuentes cuando lean su Biblia, porque a menudo tienen poca capacidad de atención y pueden ser fácilmente distraídos.

Tiempo de Oración – Los niños con una inclinación cinestética suelen ser buenos en la imitación. Los padres deben permitir que sus hijos los escuchen orando y les den oportunidades para orar con ellos. Puesto que los niños cinestéticos tienen dificultades manteniéndose quietos, deben cambiar de posición con frecuencia o moverse cuando oran. Los padres pueden ayudar a sus hijos a orar más específicamente, alentándolos a mantener una imagen de las personas o lugares por que están orando. Además, caminatas de oración es una actividad natural para los niños que tienen una inclinación cinestética.

Disciplinas Espirituales – Un niño con una inclinación cinestético puede sobresalir en memorización de las Escrituras, siempre y cuando él o ella es capaz de ser físicamente activo. Los padres deben animar a estos niños a utilizar movimientos de mano y accesorios en la memorización de versos. Además, actividades como tocar el violín con los objetos o que están en una posición poco convencional ayuda a estos niños atención. Los padres deben ser conscientes de que los niños cinestésicas necesitan descansos frecuentes cuando memorizan las Escrituras. Esto reducirá su tendencia a ser distraídos. Los padres también deben permitir a sus hijos a dar una ofrenda cada semana en la iglesia. Posteriormente, los padres pueden hablar con ellos sobre el privilegio de dar y de las razones por las cuales los creyentes dan a la iglesia.

Evangelizar – Dado que los niños cinestéticos suelen ser buenos imitadores, pueden hacer bien con el evangelismo cuando son capaces de ver una demostración. Los padres deben considerar llevar a sus hijos a evangelizar tantas veces como sea posible, ya sea con la iglesia o con la familia. Los padres deben llevar a sus hijos en viajes misioneros siempre que sea factible.

Ministerio – A los niños que son cinestéticos les encanta actuar y ser físicos. Es importante que los padres animen a sus hijos a usar sus dones en la comunidad y en la iglesia. Los padres necesitan involucrar a sus hijos en los dramas de la iglesia o ministerios de artes creativos. Pueden ser de gran beneficio para la iglesia, ya que tienden a gravitar hacia expresarse a través de una representación actuada.

Aplicaciones en el Hogar

Esperemos que hayas tenido la oportunidad de descubrir cada uno de los estilos de aprendizaje de sus hijos. En base a su inclinación natural, toma los próximos días para memorizar el pasaje a continuación como una familia. Asegúrate de utilizar las técnicas de enseñanza sugeridos anteriormente que corresponden con el estilo de aprendizaje de cada niño.

"'Ama al Señor tu Dios con todo tu corazón, con todo tu ser y con toda tu mente,' le respondió Jesús."
(Mt. 22:37)

UN AMBIENTE DE CRECIMIENTO ESPIRITUAL

Lee Esto Primero – Intro de Semana 5...

Respira profundo y felicítate. Has terminado cuatro semanas de lectura esclarecedora, desafiante y estimulante, pero el viaje no se ha completado. Tenemos una semana más con que trabajar, y es posible que los próximos días de lectura sean los más importantes de todos.

Esta semana es acerca de ti como padre cultivar un ambiente de crecimiento espiritual en tu hogar. No dejes que esto te asuste. Tú eres más que capaz de hacer el trabajo. El Señor no te ha llevado hasta aquí sólo para dejarte fallar. ¡No es una casualidad! Tú y tu familia son demasiados valiosos para Él, y Él no hace nada a medias. Cada una de las lecturas de los días anteriores ha sido estratégicamente diseñada y planificada para llegar a este punto. Esta semana tiene un propósito específico en mente. El objetivo es que entiendas cómo cultivar un ambiente en el hogar que nutre el crecimiento espiritual genuino. Hay un número de métodos que se puede utilizar para estimular el crecimiento espiritual en el hogar. Las tres formas únicas en que vamos a concentrarnos serán de amar a Dios por completo, amar a tu esposo/a con sacrificio, y amar a sus hijos abiertamente. Si por casualidad ya tienes un entorno de crecimiento espiritual en tu casa, entonces ten por seguro que el Señor pondrá a prueba esta semana para llevar a tu familia al próximo nivel.

Por tanto, imiten a Dios… (Ef. 5:1a RVC)

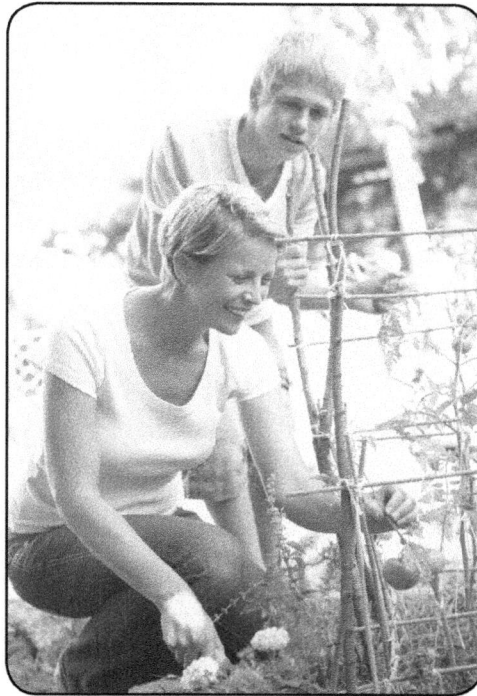

"Los sentimientos de valor sólo pueden florecer en un ambiente donde se aprecian las diferencias individuales, los errores son tolerados, la comunicación es abierta, y las reglas son flexibles – el tipo de atmósfera que se encuentra en una familia de crianza."
— Virginia Satir

Día 21

Pero si a ustedes les parece mal servir al Señor, elijan ustedes mismos a quiénes van a servir: a los dioses que sirvieron sus antepasados al otro lado del río Éufrates, o a los dioses de los amorreos, en cuya tierra ustedes ahora habitan. Por mi parte, mi familia y yo serviremos al Señor. (Josué 24:15)

"Creo que la función principal del director es crear un ambiente donde su empresa puede ser creado."
Charles Keating – Actor Británico

¿Listo para subirte las mangas?

En el principio Dios creó los cielos, la Tierra, las Estrellas, el Sol, las plantas y los animales. La palabra hebrea utilizado en Génesis 1 para la obra de Dios es "bara". "Bara" se usa cuatro veces en el primer capítulo sólo. La traducción literal de "vara" significa hacer algo de nada. Juan Calvino dijo en su comentario, "Él (Moisés) nos enseña además por su palabra "creado," que lo que antes no existía ahora existe; porque nunca utilizó el término "yatsar," que significa estructurar y formar pero "vara," significa crear. Por lo tanto su significado es, que el mundo fue creado de nada."Un solo Dios puede crear de esta manera."

En la culminación de su creación, Dios creó al hombre con un crescendo. La Biblia dice, "Y Dios creó al ser humano a su imagen y semejanza". Hombre y mujer los creó" (Gen. 1:27). A Adán y a Eva se les dio vida. Sin embargo, Dios no había terminado su creación. Trajo sus barreras de imagen juntos de una manera especial. Dios el Padre fue caballero preferido del novio, el padre de la novia, y también el oficial de la primera boda. Adán y su esposa se unieron en matrimonio y "se convirtieron en una sola carne" (Génesis 2:24b). Así creó la familia. La tierra, el cielo, el matrimonio y la familia son las ideas de Dios.

Justo antes de que Eva fuera creada y la familia fue establecida, un verso que a menudo es pasado por alto describe un factor muy importante. Dios colocó a Adán en el Jardín de Edén y le dio instrucciones especiales. La Biblia dice en la Génesis 2:15, " Dios tomó al hombre y lo puso en el Jardín de Edén para trabajar y cuidar en él. " Adán estaba en el Paraíso y primero le dijo " trabaja. " Dios creó a Adán para trabajar el jardín, no solamente para sentarse ociosamente. Mateo dijo en su comentario, " El Jardín de Edén, aunque esto tuviera que no ser desherbado (para espinas y cardos no era aún un fastidio), aún debe ser vestido y guardado. La naturaleza, aún en su primitivo estado, ha dejado espacio para mejorar el arte y la industria. "Pero hay una cosa más que notar. Dios no sólo le dijo a Adán que trabajara en el jardín, sino también le dio instrucciones específicas a Adán para " cuidarlo " (Gral. 2:15b). La frase " Cuídalo " tiene el significado de cuidar a una persona. Dios dio el jardín a Adán y básicamente le dijo, " lo he creado para trabajar en este lugar. Te doy el trabajo para nutrir un entorno que permitirá que las cosas crezcan. Te quiero y creo en ti. "En comparación con Adán, Dios llama a padres para nutrir también. En vez de promover un entorno de crecimiento en un jardín, Él llama a los padres para cultivar un entorno de crecimiento en su casa. El Jardín de Edén se ha ido y nunca seremos capaces de trabajar o tener cuidado de él, pero Dios nos ha dado otro regalo imponente. Tal como a Adán y a Eva les dieron la responsabilidad de cuidar y cultivar el Jardín de Edén, nosotros como padres nos han dado la responsabilidad de cultivar un ambiente espiritual en casa.

Cómo iniciar la cultivación

Un ambiente de crecimiento espiritual en la casa es uno de los aspectos más importantes de una vida familiar. Sin embargo, toma dedicación, persistencia, y mucho trabajo! Con ese siendo el caso, no hay nada en la Tierra que pague más dividendos. Los componentes clave en nutrir un ambiente que anime a tus hijos a crecer espiritualmente se encuentran al aplicar los principios que hemos cubierto en los últimos 20 días.

A este punto, nuestro viaje nos ha mostrado como los padres son las personas más influyentes en la vida de nuestros hijos. No hay otro grupo de personas que estén tan cerca a ellos, y esto lo deberían usar los padres como su ventaja. La influencia paternal es una de los factores más contribuyentes e importantes para un ambiente familiar positivo; así es exactamente como Dios lo diseño. El siguiente valor importante que cubrimos fue tener una relación personal con el Señor. Nuestros pensamientos, palabras y acciones están constantemente bajo la vigilancia de nuestros hijos. Que tan cerca caminemos con el Señor a menudo puede afectar la caminata personal de nuestros hijos con Dios. Por eso es vital que los padres se acerquen a Dios y entreguen sus vidas para dar a sus hijos hambre y sed del Señor. Si los padres quieren una oportunidad para cultivar la atmosfera de crecimiento espiritual en su hogar, esta área no puede ser comprometida. Mientras los padres caminen cerca del Señor, encontraran tres valores del liderazgo familiar los cuales son muy importantes en ser cultivadores del crecimiento espiritual. Leyendo y estudiando la Biblia, orando por y con tus hijos, y haciendo la vida familiar una prioridad pueden tener enormes impactos en el ambiente familiar. Cuando los padres siguen encarecidamente a Dios en estas formas, la importancia de descubrir como conectar a sus hijos llega a ser más crítica. Sabiendo como tus hijos aprenden mejor, puede haber posibilidades extraordinarias. Desencadenar las formas en las que tus hijos aprenden e implementar la estrategia DG2 puede abrir un nuevo mundo lleno de oportunidades. Los puede ayudar a crecer espiritualmente y llegar a ser los discípulos que Dios quiere que sean.

Dios ha diseñado a los padres para ser líderes de sus casas y los cultivadores de un ambiente espiritual. Cuando nosotros como padres buscamos el consejo de la palabra de Dios y hacer todo esfuerzo para poner los valores de la Biblia en práctica en nuestras vidas y hogares, el Señor puede trabajar en maneras fabulosas. Sin embargo, lo inesperado pasa. Lo que parece fuera de la nada, notamos que uno de nuestros hijos que ha dado su vida a Cristo y se está alejando de Dios. Puede ser una transformación o un cambio, pero sin embargo hay un alejamiento al Señor. Nuestros corazones se rompen y agonizamos mientras vemos a nuestros hijos alejándose de Dios. Como resultado, nos echamos la culpa, nos sentimos derrotados y nos preguntamos, ?Que paso y en que me equivoque?

Un viernes en la mañana, estaba con un grupo de hombres en una tutoría escolar en Wilmington, Carolina del Norte, Estados Unidos. Estábamos en una discusión seria acerca de lo que toma hoy ser un hombre de Dios, esposo, y padre en la casa. La conversación la siguió el grupo que hablo acerca de los desafíos de crear un ambiente que permitiría que el crecimiento espiritual que ocurriría naturalmente en una base día a día. Después de la junta, un miembro de la clase empezó a hablar. Él me dijo que él y su esposa son muy dedicados al Señor y han intentado formar a sus cinco hijos en el modo debido. Él dijo "He tratado de crear un ambiente de crecimiento espiritual en casa. Es difícil, pero mi esposa y yo trabajamos mucho. Sin embargo, uno de mis hijos se ha alejado del Señor. Mi hijo es un seguidor de Cristo y ha hecho a Jesús el Salvador de su vida. Pero en meses recientes, no parece tan interesado en cosas espirituales. Está pasando menos tiempo en la palabra y no ha asistido a la iglesia como solía. Ya creció y está afuera de casa, pero sigo preocupado por él". Mientras hablábamos, le pregunte, acerca de su otro hijo. Sin duda él me dijo la gracia de Dios y grandeza en la vida de sus otros hijos. Él dijo "Mis otros hijos están creciendo en su caminata con el Señor y yo le doy las gracias por eso" Mientras seguíamos hablando, el me hizo una pregunta que sé que corre en las mentes de casi todo padre que tiene hijos con problemas en la relación con el Señor. Él me dijo, "Donde mi esposa y yo nos equivocamos?" "Que le paso a mi hijo?" Yo mire al hombre y le pregunte, "Trajeron tú y tu esposa a tu hijo en el que el tratara de entrenarse la forma debida? Él pensó por un segundo y dijo "Si, si lo hicimos" Después, trate de consolar este padre y le dije "La Biblia dice que cuando sea viejo no se alejara. El regresara. El Espíritu Santo manejara estas cosas"

Les dijo esta historia por una razón y una sola razón. Ninguna familia es perfecta y cada familia tendrá buenos momentos y malos también. Recuerda que: Vivimos en mi mundo caído, en el que nuestros hijos pecan. No importa que tan constante apliquemos estos principios Bíblicos, podemos sentir que las cosas alrededor se están derrumbando. La situación verdadera es que Satanás sigue desatando nuestro mundo y hace que nuestra familia tenga un tiempo duro. A pesar de tus sentimientos siempre hay esperanza cuando acuerdas con Dios. Recuerda cómo aprendimos de Jochebed para hacer más cosas. Ella pone su fe en acción, hizo lo que sabía que tenía que hacer y confió en la Soberanía del Señor para hacer los milagros. Puedes hacer lo mismo. Si tu hijo en verdad le pertenece al Señor, entonces él se va a encargar de ponerlo en su lugar. El Señor siempre va a hacer una forma que sus hijos regresen cuando se alejan, sin importar que tan lejos se encuentren. Dios se especializa en segundas oportunidades.

El crecimiento espiritual puede ser una realidad en tu casa, pero antes de que empieces a cultivar un ambiente donde el crecimiento espiritual se desarrolle, solo falta un solo paso que tomar. Basado en los valores que hemos estudiado, hay tres piezas finales para completar el rompecabezas. Tú como padre debes amar a Dios completamente, amar a tu esposo/a infinitamente y amar a tus hijos. El crecimiento en tu casa está produciendo un crecimiento espiritual. Eso es fantástico, sin embargo, creo que es el tiempo para que tú y tu familia de ir al siguiente nivel de crecimiento espiritual. Cualquiera que sea el caso, si decides mejorar en como cultivar el ambiente de tu hogar puede cambiar la trayectoria de las vidas de tus hijos hoy y posiblemente de tus nietos en el futuro. No importa cuál sea la situación en que te encuentres, permite que el Espíritu Santo te guie.

No puedo rogarte a que leas los siguientes cuatro días y que emplees unas de estas ideas. No importa si lo estás haciendo solo o con una pareja aplicando estas ideas simples tiene el potencial de impactar el ambiente de tu hogar. Sin embargo, no está garantizado que poniendo estas sugerencia en práctica, puede incrementar las oportunidades de mejorar la salud del ambiente del crecimiento espiritual. Pero hay una palabra de cuidado: No trates de implementar todas estas ideas. Recuerda que es de persistencia, no perfección.

¿Estás dispuesto a dar todo lo que sea para cultivar un ambiente en tu casa que promoverá el crecimiento espiritual? ¿Harías todo tu esfuerzo para dar a tus hijos un hambre y sed por las cosas de Dios? ¿Serás un estudiante de tus hijos y entenderlos lo suficiente para ayudarlos a ser seguidores de Cristo? Si estás listo, sigue leyendo y vamos a trabajar porque Dios te ha creado para que trabajes en este lugar. Él te ha dado el trabajo de criar un ambiente que permitirá a las cosas crecer. Él te ama y cree en ti.

Aplicaciones para el Hogar

Mientras tu estas manejando, apaga la radio para que puedas estar solo/a con el Señor. Si no es posible, encuentra la forma de que tenga un tiempo privado con el Señor. Una vez que hayas asegurado tu tiempo, ora y pídele al Señor dos cosas. Suplícale que te de un entendimiento mayor de su palabra. Con mejor sabiduría, podrás encabezar a tu familia en mejor modos dinámicos. Segundo, pídele a Dios que te enseñe a meta es amar a Dios completamente todos los días.

Día 22

El señor, tu Dios es único, así que ama al Señor con toda tu pasión, y oraciones e inteligencia y energía. (Matetos12:30)

"Dios está listo para asumir toda la responsabilidad por la vida…"

¿Listo para el reto?

Ama a Dios completamente

Como discutimos la primera semana antes de que Moisés muriera, el dijo que los mejores sermones documentados en la Biblia. En el capítulo 6 de Deuteronomio, Moisés dio instrucciones a las familias de Israel. Los Judíos conocen este verso como "Shema". Ellos recetarían estos versos dos días por semana para mantener estas ideas frescas en la mente. El Dr. John MacArthur verifica el punto especificado "El Shema (Deut. 4-9: 11:13-21: Num. 15:37-41) fue la escritura más familiar de los Judíos."

En el Nuevo Testamento, Mecos da evidencia que el Shema estuvo vivo en la cultura Judía. Jesús recita una porción del Shema a un grupo de líderes religiosos que trataron de probarlo a él y a su autoridad. Jesús fue a rodeado por un grupo de Fariseos tratando de atraparlo con una pregunta. La Biblia dice en Mateo 23:35-39, "Y uno de ellos, intérprete de la ley, preguntó por tentarle, diciendo: Maestro, ¿cuál es el gran mandamiento en la ley? Jesús le dijo: Amarás al Señor tu Dios con todo tu corazón, y con toda tu alma, y con toda tu mente. Este es el primero y grande mandamiento. Y el segundo es semejante: Amarás a tu prójimo como a ti mismo.". Una vez que Jesús dijo esto, todos los Fariseos se fueron sin poder decir nada. Los valores del Shema aplican a cada seguidor de Cristo hoy. Es por eso que es importante que entendamos el completo mensaje de la palabra de Jesús.

Los Niños Deberían Ver a Sus Padres Estudiar la Biblia

E viejo dicho, "mono ve, mono hace" aplica cuando hablamos de padres. Los niños en la casa ven cada movimiento que sus padres hacen. Nada se le escapa a un niño. Los padres tienen una enorme responsabilidad de tener cuidado en todo lo que hacen. David Jeremiah dijo, "Modelando es increíblemente en el proceso de ser padres. Aprendemos más de lo que vemos en casa, que de lo que oímos. Después, de que nuestros hijos hayan olvidado lo que dijimos, recordaran siempre lo que hicimos. Sean positivas o negativas nuestras acciones, agradables o no agradables" Hay varias cosas que un padre puede hacer para ayudar a motivar un a imagen positiva y agradable en la mente de nuestros hijos. Sin embargo, no hay nada más importante que un padre deje a sus hijos leer, estudiar y memorizar la palabra de Dios. Esto da el potencial de producir un crecimiento de ambiente espiritual. No hay ninguna forma mejor de enseñar el amor del Señor. En Proverbios 8:34-35, la Biblia dice, "Dichosos los que me escuchan y a mis puertas están atentos cada día, esperando a la entrada de mi casa. En verdad, quien me encuentra, halla la vida y recibe el favor del Señor." Los niños tienen que llegar a la adultez con la imagen de sus padres dándole importancia a la Biblia. Los resultados pueden cambiar la vida de varias generaciones.

Los Padres Deben Guiar a la Familia en Adorar al Señor

Los padres, por gran parte, encuentran el guio familiar en adorar intimidante. En general, los padres no han tomado el liderazgo como el líder de adoración de la casa. Raramente, cualquier tiempo dejado de lado para la familia para juntarse alrededor de la Palabra de Dios. Esto es el tiempo para padres para aumentar y ser estos que conducen sus familias en la adoración. Puede ser hecho.

Voddie Baucham en su libro, Patrimonio Espiritual, le hizo a los padres una pregunta acerca de la adoración en casa. El pregunto,

¿Por qué estamos aquí? ¿Existe nuestra familia para preparar a nuestros hijos para Ligas Mayores? Si sí, entonces el béisbol seria el centro del universo de nuestra familia, y todo se doblará a los caprichos y los deseos del dios de béisbol. ¿Existe nuestra familia para producir a mundanos? Si es así, entonces nuestra familia debe girar alrededor de los calendarios sociales de nuestros adolescentes sobrecargados y sus listas agitadas. Sin embargo, si nuestra familia existe para glorificar y honrar a Dios y poner una fundación Bíblica en las vidas de nuestros niños, entonces no debemos permitir nada para interferir con nuestro compromiso a la adoración de familia, el rezo, y el estudio Bíblico.

La llave es la determinación. Esto aumenta a padres para hacer la familia adorar una realidad regular en la casa. No importa donde un padre es espiritualmente, hay recursos incontables disponibles en cualquier librería cristiana para ayudar a cada uno en la familia crecen espiritualmente. Cuando los padres se rinden a los deseos del Señor, y con amor conducen su familia en la adoración, Dios puede hacer cosas extraordinarias. Arthur Pink declaró como testigo de este punto cuando él dijo, "Las ventajas y las bendiciones de adoración de familia son incalculables. Primero, la adoración de familia prevendrá mucho pecado. Esto intimida el alma, transporta el sentido de la majestad de Dios y la autoridad, pone verdades solemnes antes de la mente, rebaja ventajas de Dios sobre la casa." Por lo tanto, sin una duda, los padres tienen que conducir su familia en la adoración. No hay ningún mejor camino para padres para poner su amor por el Señor expuesto.

La administración de la familia en la adoración no tiene que ser difícil. Hay muchas oportunidades de conducir durante la semana; sin embargo, el aprovechamiento de ellos es la llave. La discusión de un verso de la Biblia en una comida, hablando de la última lección de escuela del domingo siguiendo el camino, rezando con niños antes de que ellos se acuesten, y trabajando en la memorización de la Escritura juntos a lo largo de la semana es solamente unos ejemplos. Los padres deberían aprovechar cada oportunidad para conducir su familia en la adoración porque cada encuentro da a su familia la posibilidad para dibujar más cerca al Lord.

Los Padres Deberían Conducir la Familia a Adorar

Los padres tienen la posibilidad para hacerlo su objetivo no sólo para conducir en la adoración, pero conducir sus familias a adorar también. Mandan que todos los creyentes participen en el crecimiento en su fe con otros creyentes. Los padres sobre todo deberían tomar sus familias a la iglesia y ser participantes activos en acontecimientos de iglesia y ministerios. La Biblia dice, "Preocupémonos los unos por los otros, a fin de estimularnos al amor y a las buenas obras. No dejemos de congregarnos, como acostumbran hacerlo algunos, sino animémonos unos a otros, y con mayor razón ahora que vemos que aquel día se acerca." (Heb. 10:24-25) Sin embargo, hay un problema. ¿Dónde están los hombres? Muchos padres han descuidado, aún no han hecho caso, conduciendo sus familias a la iglesia. Por consiguiente, el da a luz han recogido donde los padres han acabado. Cada vez más, las mamás toman el liderazgo del crecimiento espiritual de su familia, porque los padres se han distanciado de su responsabilidad Dada por Dios. Según Alan Melton y Paul Dean, "En una semana típica, da a luz son más probable que son padres para asistir a la iglesia, rezar, leer la Biblia, participar en un pequeño grupo, asistir el domingo la escuela, y el voluntario un poco de su tiempo para ayudar a una organización no lucrativa. La única actividad relacionada con la fe en la cual los padres son tan probables como da a luz para contratar es el voluntariado para ayudar en una iglesia." Esto es una realidad triste, pero los papás pueden hacer mejor. Los padres, papás sobre todo, deberían estar en la vanguardia en la administración de su familia en la adoración en casa y en la iglesia. No sólo deben los papás conseguir sus familias a la iglesia, ellos tienen que prometerse en los acontecimientos y ministerios la iglesia ofrece y anima la o de resto la familia a ofrecerse también. Los niños, sobre todo adolescentes, son más que capaz de porción en la iglesia. Al fin y al cabo, ellos solamente necesitan un ejemplo para seguir. Ellos necesitan a los padres que están enamorados del Lord y quieren a por favor y lo honran con su liderazgo de la familia.

De otra parte, cuando el padre no está en el cuadro, por cualquier razón, la madre tiene que tomar la delantera. Como usted recuerda, Paul eligió a la madre de Timothy y a la abuela para su participación en la administración en su educación espiritual. Mama, tú eres más que capaz de conducir su familia en la adoración. Por consiguiente, espere que el Señor nutra un entorno de crecimiento espiritual en tu casa. Simplemente puesto, Dios puede decirte hoy, te he creado para amarme completamente. Tu trabajo debe cultivar un entorno que permitirá a cosas de crecer. Lo abandono en tus manos capaces para hacer su parte y esperar sobre mí para hacer el resto.

Aplicaciones para el hogar

¿Qué harías si eres el único en tu casa emocionado para hacer cambios en la rutina semanal? ¿Qué si tus hijos no están interesados? Déjame animarte a rezar, y a rezar con fuerza. Tú sólo puedes hacer unas cosas, pero Dios puede hacer milagros. No te desanimes, y no dejes de intentar. Cuando tus niños ven tu intensidad, será notado, y será contagioso. ¿Qué si tu esposo/a no está interesado? Desde luego tú tiene que rezar, pero déjame sugerir una cosa. Pídele a tu esposo/a o amigo, que si rezaría contigo acerca de cómo guiar a tu familia y adorar al Señor. Dios puede hacer cosas extraordinarias cuando le dejamos hacer los movimientos.

Día 23

Mujer virtuosa, quien la hallara? Porque su estimada sobrepasa largamente a la de la piedra preciosas. (Prov. 31:10)

"Una mujer debería estar en casa con los hijos, la construcción de esa casa y asegurarse de que hay un ambiente familiar y seguro"
-Mel Gibson

¿Listo para el reto numero dos?

Un joven arrogante fue con un sabio con un pájaro en sus manos. El joven queriendo probar al hombre, pregunta "Esta el pájaro vivo o muerto? El sabio pensó por un momento y realizo que si el decía que el pájaro estabas vivo, el o [odia matar y decir "Estas equivocado" Si el sabio le decía que estaba muerto, el joven podía abrir manos y dejarlo volar; haciéndolo ver tonto. Despúes de unos minutos de consideración el sabio dijo, "No sé si el pájaro está vivo o muerto, Pero si sé que está en tus manos."

Como tratas a tu esposo o esposa en tus manos? Le demuestras el sacrificio del amor? Que es lo que tu esposa, esposo parece? Y una mejor pregunta. Como se ve eso desde las perspectivas de tus hijos? El reto de hoy, hará que ames a tu esposo/a como Dios lo ha diseñado.

Ama a Tu Esposo/a por Medio del Sacrificio

La escritura es increíble. La Biblia nos ayuda a ver el amor a nuestra esposa/o por medio del sacrificio. Hoy, como en el Jardín del Edén, Dios hace al esposo y a la esposa a su imagen y semejanza. Hay varios versos en la Biblia que describen el gran amor que Dios espera a un esposo y a una esposa para compartir. Uno de los versos, en particular, es Efesios. Cuando el Señor trae a dos personas juntas, Él le da al hombre las instrucciones de la relación muy explícitas. La Biblia dice, "Esposos, amen a sus esposas, así como Cristo amó a la iglesia y se entregó por ella para hacerla santa. Él la purificó, lavándola con agua mediante la palabra, para presentársela a sí mismo como una iglesia radiante, sin mancha ni arruga ni ninguna otra imperfección, sino santa e intachable. Así mismo el esposo debe amar a su esposa como a su propio cuerpo. El que ama a su esposa se ama a sí mismo" (Ef. 5:25-28). Sobre la otra cara de la relación, el Señor da a la mujer la instrucción específica también. Los sujeta libros de la Biblia da estas instrucciones al hombre con dos versos para la mujer. La Biblia dice en Efesios 5:22, "Esposas, sométanse a sus propios esposos como al Señor." y sigue esto levanta el mando para "En todo caso, cada uno de ustedes ame también a su esposa como a sí mismo, y que la esposa respete a su esposo" (Ef. 5:33). Note la lengua usada en estos juegos de versos. Las palabras como el amor, dieron, rendirse, y el respeto no son accidentes. Esto toma los dos lados, el marido y la esposa, trabajando desinteresadamente juntos para hacer el trabajo de relación. Cuando a los padres expiatoriamente les gusta el uno al otro, y ponen estas palabras en práctica, un entorno de crecimiento espiritual puede ser la realidad. Los niños tienen que ver sano, el cariño, y el crecimiento relaciones casadas vividas hacia fuera delante de ellos. Una de las mayores ventajas de un matrimonio sano es el efecto corriente que esto tiene sobre los niños de la casa. Cuando los niños ven a sus padres sinceramente que gustan el uno al otro, ellos sienten el sentido de la seguridad. David Black apoya esta idea cuando él dice,

La relación entre un marido y una esposa es la fundación sobre la cual los niños construyen su sentido de seguridad. El mayor deseo de un niño es que a su padres les gusta el uno al otro y así modelan el amor Piadoso y la fidelidad. Los papás y mamás tienen que al convenio antes de

Dios permanecer casados, a otro el uno al otro desinteresadamente, y permitir al amor de Dios para impregnar su casa. La fidelidad de nuestro amor el uno por el otro se trasladará a nuestros niños, que, por nuestro ejemplo, aprenderán a exponer la fidelidad en todo que ellos hacen. Los niños tienen que saber que ambos padres les aman y sienten la seguridad que el amor paternal proporciona en un mundo poco hermoso.

Como una ventaja a largo plazo, cuando los padres tienen un matrimonio de salud esto provee de niños de un ejemplo vivo de como modelar su propia futura relación de matrimonio. No hay ningunos padres de mensaje más fuertes puede enviar a sus niños.

¿De otra parte, qué debería un padre hacer si su relación con su esposo/a, o el antiguo esposo/a, es menos que el ideal? Tú puedes decir, "Todo lo que los sonidos grandes, pero esto no son el mundo en el que yo vivo. Espero que haya gente que vive en aquella realidad, pero no es la mío. Mi esposa y yo no tenemos aquella clase de vida ahora. Soy absolutamente solo." Si esto es su situación, entonces permíteme hacer una pregunta importante. ¿Quieres que tus niños sepan amar a alguien expiatoriamente?

¿Seguramente que quieres que tus niños crezcan, y tengan un esposo/a que ellos gustan expiatoriamente, el derecho? Independientemente de cómo las cosas están entre tú y otro padre de tu niño, dudo que tu respuesta sea nada de eso "sí". Con esto en mente, tú tienes que ser el que sobresalga y te tienes que asegurar que tus hijos vean que amas. Dios llama a cada uno de nosotros los seguidores de Cristo para gustar el uno al otro sin condiciones. Es por eso que Paul nos recuerda que, "Amor el-debe ser sincero. Aborrezcan mal él; aférrense bien" (Rom.12:9).

Si ha habido sentimientos lastimados entre tú y tu pareja, entonces quizás el Señor te llama para acabar con lo lastimado. Al menos desde tu perspectiva, pide a Dios que te perdone de cualquier palabra y acciones incorrectas. Entonces pregúntale a tu compañero, que haga lo mismo. ¡Dios te perdonará! Otra persona puede o no pueda perdonarte; sin embargo, haz las cosas correctas. Es fácil odiar a alguien, especialmente cuando te han hecho daño. Pero recuerde que Jesús con amor nos dice: "Pero yo les digo: Amen a sus enemigos y oren por quienes los persiguen" (Mt. 5:44). Si eres un creyente, no tienes otra opción acera del amor. Además, tus hijos necesitan tener un amor expiatorio hecho para que puedan duplicar en el futuro. Los ayudara en el mejor entendimiento en cómo manejar relaciones. Si estas casado, separado o divorciado, como quieras muestra el amor expiatorio de los modos que honran al Señor y permiten un ambiente de crecimiento espiritual en tu casa para ser cultivada.

Hay muchos modos prácticos de mostrar el amor a tu esposo/a. Un gran modo de gustarle a tu esposo/a expiatoriamente es por usando positivo y afirmando palabras. Saludos, expresando refranes dulces, y usando las palabras, "te amo" y todos los sentimientos comunicativos del corazón. Los niños, sobre todo la adolescencia, analizan cada palabra y acción que sus padres dicen y hacen. Por lo tanto, los padres nunca deberían usar palabras gruesas el uno al otro. Esto es en particular verdadero si ellos son separados o divorciados. Los padres nunca deberían usar la lengua de degradación o tratar de poner a su esposo/a, abajo de cualquier modo. En cambio, los padres deberían usar las palabras de estímulo hacia la familia entera, sobre todo a tu esposo/a. Ellos siempre deberían tratar de aumentar a tus compañeros de algún modo diarios. En 1 Tesalonicenses 5:11, La Biblia dice, "Por eso, anímense y edifíquense unos a otros, tal como lo vienen haciendo" Los padres siempre deberían mostrar la conversación positiva y que nutre el uno hacia el otro. Desde luego, los padres tendrán desacuerdos de tiempo en tiempo. Sin embargo, ambos padres siempre deberían esforzarse para un entorno de reconciliación, cueste lo que cueste. Esto es vital, no sólo para su matrimonio ahora, pero también para su futuro matrimonio de sus hijos. Los padres tienen que realizar que ellos modelan para sus niños hoy es lo que sus hijos o hijas podrían llevar en su propio matrimonio mañana. Cuando los padres exponen esta actitud, ellos ponen el verdadero amor expuesto que anima un entorno auténtico de crecimiento espiritual.

De otra manera que los padres pueden mostrar su amor es por poniendo en práctica las 3 D del matrimonio.

Diálogo diario - El diálogo es la comunicación de doble dirección. Contrariamente a la creencia popular, en las mujeres de día medias no usan más palabras que hombres. Las noticias encontraron que " mujeres habló 16,215 palabras por día, mientras los hombres hablaron 15,1669. Aunque las mujeres hablen ligeramente más palabras que hombres, estáticamente, la diferencia es significativa. "Por lo tanto, los padres tienen que poner aquella descripción para descansar y ser habladores buenos y oyentes con su esposo diariamente. Con esto en mente, los padres deberían dejar de lado unos minutos cada día para tener uno sobre el otro la conversación. Esto quiere decir que usted puede tener que decir a sus niños que tanto la mamá como el papá necesitan algún tiempo para dirigir el uno al otro sin cualquier interrupción. Los padres también deberían requerir tiempo para rezar el uno con el otro cada día. Antes de una comida, sobre el teléfono, o mientras se vaya a dormir, toma unos minutos para rezar dando la alabanza al Señor. Es simple, es fácil, y esto vincula.

Día Semanal - Cada pareja necesita un tiempo libre semanal. Una comida, una película, o un paseo permiten al tiempo para unir de nuevo y restablecer la relación sin la interrupción de alguien más. Sé que esta sugerencia puede ser difícil debido a fondos para algunas familias. Pero la pasada de la vez que comprobé la toma de un paseo, la sesión sobre la cubierta, o abrazándola en la cama no cuesta nada. Se aparte algún tiempo solo con su esposo/a para vincular.

Despejo Mensual - Saliendo de la ciudad por una tarde, o de la noche a la mañana, tiene grandes ventajas mental y físicamente. A veces tú solamente necesitas un cambio de paisaje. Cuando las parejas requieren tiempo para escaparse juntos, ellos son capaces de renovar su compromiso el uno al otro. Si este difícil porque usted tiene chiquillos, tal vez usted pudiera conseguir a una niñera, llevarlos a la casa de un abuelo, o sobornar a un adolescente. Independiente de usted tiene que hacer. Esta renovación le permite para guardar la chispa viva en su matrimonio.

Otro modo de amar a su esposo/a expiatoriamente es de saber su lengua de amor. Según el Doctor Gary Chapman, la gente siente el amor de otra persona principalmente de una de cinco acciones diferentes. Estas cinco lenguas de amor son el toque físico, los actos de servicio, palabras de afirmación, recibiendo regalos, y gastando el tiempo de calidad. Para conseguir una mejor comprensión de estas lenguas de amor, tendrás que leer el libro titulado, "Las 5 Lenguas de Amor": Como Expresar Compromiso Sentido a tu Compañero. Conozca la lengua de amor de su esposo/a y asegúrate que tus niños te vean llenar su tanque de amor.

Cuando muestras el amor expiatorio a tu esposo/a, tiene el potencial para promover un entorno de crecimiento genuino espiritual en la casa. Simplemente puesto, Dios puede decir a los padres hoy, los he creado para amarme completamente y amar a su esposo/a expiatoriamente. Quiero que trabajes mucho para cultivar un entorno que permitirá a cosas de crecer. ¡Sé que puedes hacerlo! Lo dejo en tus manos extraordinarias.

Aplicaciones para el Hogar

Dudo que tengas el tiempo para agotarte y comprar el libro del Doctor Chapman, leerlo, y evaluar la lengua de amor de alguien. Sin embargo, vaya en línea antes de que el día se acabe, haz una búsqueda con la descripción "Prueba de las 5 Lenguas de Amor". Tome la prueba usted mismo entonces puedes descubrir tu propia lengua de amor. Te animo a leer el libro y el hallaren en voz alta cual la lengua de amor de tu esposo/a es. Después habla de lo que has aprendido con tu familia en una comida, mientras conduces el coche, o a la hora de acostarse.

Día 24

Llevaron unos niños a Jesús para que les impusiera las manos y orara por ellos, pero los discípulos reprendían a quienes los llevaban. Jesús dijo: "Dejen que los niños vengan a mí, y no se lo impidan, porque el reino de los cielos es de quienes son como ellos." (Mt. 19:13-15)

"Lo que un niño no recibe, rara vez puede dar"
P.D. James, Time to be in Earnest

¿Listo para el tercer y último desafío?

Ama a tus Hijos Demasiado

Los niños son un regalo de Dios. Ellos son estratégicamente e inequívocamente en las vidas de los padres. Durante el día un niño nace, el Señor da a la madre, y al padre un mandato para gustar, nutrir, y preocuparse por su bebé. Como el bebé crece, el Señor espera que los padres comiencen la educación de su bebé. Como el bebé crece más, el Señor espera que los padres comiencen la educación de su niño en el camino él o ella debería ir. Esta responsabilidad no puede ser tomada ligeramente, porque no hay nadie mejor satisfecho para el trabajo. Alan Melton y Paul Dean catalogan cuatro motivos distintos por qué Dios da esta tarea importante a padres. Ellos dicen:

- *No hay nadie que tenga la disponibilidad al discipular a tus niños como tú mismo.*
- *Nadie más ama a sus niños como tú.*
- *Nadie conoce mejor a tus hijos que tú y tu esposo/a.*
- *Lo más importante, nadie tiene la orden del Señor para discipular a tus hijos.*

Dios únicamente ha llamado a cada padre para cultivar un entorno en la casa donde el crecimiento espiritual puede ocurrir y la relación paternal / infantil puede hacerse más profunda. Para lograr estas tareas monumentales, aquí están tres sugerencias a la estrella de salto el proceso. Los padres tienen que hacer la hora de reposo de familia una prioridad, aprender a dirigirse a su niño, afirmar a su niño regulador, y saber la lengua de amor de su niño.

Hacer la Hora Familiar Prioritaria

Según un estudio local, el 39 % de familias cristianas se sientan juntas para la cena de 5-7 veces por semana. Además, un estudio nacional por Parade Magazine dijo, " Un de cuatro familias come juntas cada noche, y el 34 % adicional hace así la mayor parte de tardes " En un artículo publicado por Focusonthefamily.com, Jim Burns hablaron de la importancia de familias que comen comidas juntos y la ventaja a largo plazo de inversión en su oportunidad. Él dijo, "Los niños consideran su presencia como un signo de cuidado y conexión. Las familias que comen comidas juntas, juegan juntos y tradiciones construidas juntos prosperan. ¿Come su familia juntos al menos cuatro veces por semana? Si es así, hay una posibilidad mayor que tus niños funcionarán mejor en la escuela, y con menor probabilidad exponer el comportamiento negativo." Contrariamente a la creencia popular, los niños necesitan a padres en sus vidas, y un modo fácil de lograr este contacto te sientas en una mesa junto. Para muchas familias hoy, forjándose el tiempo necesario de tener una comida juntos puede ser difícil. Incluso preparando una comida toma la planificación y la preparación, la ventaja lejos pesa más que los aspectos negativos. La revista Parade también añadió,

Un estudio reciente de la Universidad de Minnesota divulgó que la adolescencia que tenía comidas regulares con sus padres tenía mejores grados y con menor probabilidad fue deprimida. Los investigadores en la Universidad de Emory encontraron niños de 10-12 años de sombrero cuyos padres dicen que las historias de familia en la cena tienen el amor propio más alto, y mejores relaciones de par durante la adolescencia... Y 12 y 13 años con cenas de familia limitadas son un asombro seis veces más probablemente para haber usado la marihuana. El estudio también reveló que el 84 % de adolescencia dijo que ellos preferirían comer con sus padres que solo.

El tiempo alrededor de la comiendo juntos es inmensurable. Los padres deberían contar el coste e invertir dinero cualquier tiempo es necesario para con regularidad comer juntos. Hay poca duda que una inversión de esta magnitud tiene el potencial para realzar cada relación entre miembros de familia. Por consiguiente, esta acción tiene el potencial para producir un entorno de crecimiento espiritual dentro de la casa que podría durar hasta la siguiente generación.

Aprende a Hablarles a Tus Hijos

Los padres a menudo tendrán que luchar con todo que ellos tienen para cultivar un entorno de crecimiento espiritual en la casa. Si los padres van a utilizar las ventajas asociadas con el comer una comida juntos, ellos tienen que aprender a dirigirse a sus niños cuando ellos los tienen allí. En el libro del Rey , Salomón dijo, "Los pensamientos humanos son aguas profundas; el que es inteligente los capta fácilmente." Antes de que los padres contraten en una conversación con su niño es provechoso de acordarse de hablar con sus niños en vez de a su niño. "La comunicación no es un monólogo; es un diálogo."

Para tener un diálogo apropiado que animará el entorno de crecimiento espiritual en la casa, los padres tienen que considerar estas cuatro áreas importantes hablando con sus niños.

Contacto de Ojo - El lenguaje corporal habla volúmenes. Los padres nunca deberían subestimar la importancia de mirar a sus niños durante la conversación. Cuando los padres hacen cada contacto, esto se comunica más que justas palabras. El examinar sus ojos dice, "estoy interesado en lo que me dices". Esto también ayuda a reducir la confusión, el respeto, y la importancia que les das.

Escucha – Escuchar a un niño es un desafío para padres. Ellos pueden tener un vocabulario diferente que puede ser difícil de descifrar. A pesar de todo, los padres tienen que aprender el vocabulario de su niño entonces ellos pueden comunicarse con ellos. Cuando los padres dan su atención llena a sus niños, un niño sentirá el sentido de la importancia en los ojos de sus padres. Si los padres están poco dispuestos a trabajar en la audiencia de habilidades, esto podría costarlos más que ellos quieren pagar y causar relaciones tensas no deseadas más tarde en su relación.

Enfócate – Las acciones hablan más fuerte que las palabras. Cuando los padres tienen una conversación con sus niños, es sumamente importante enfocarlos durante la discusión. Los padres deberían parar lo que ellos hacen o dejarlo de lado de ellos trabajan sobre y dar a sus niños sus niños su atención llena. Recuerde, la acción habla volúmenes a niños y les envía el mensaje que ellos valoran y valen la pena escuchar. Este hecho es sobre todo verdadero para niños durante sus años adolescentes y adultos.

La respuesta cuidadosa - los padres tienen que ser sabios en sus respuestas a sus niños, sobre todo en el área de pecado. Los padres nunca deberían perdonar ningún chisme, ideas incorrectas o comportamiento de pecado. El mundo mira al pecado de manera diferente que la Biblia. Sin embargo, los padres deberían ejercer la gran precaución cuando ellos responden a sus niños. Los padres tienen que asegurarse que cuando ellos hablan a sus niños, ellos guardan su informe de puntos y bíblicos. La Biblia siempre tendrá la respuesta correcta dirigiendo cualquier situación. La Biblia dice en Hebreos 4:12, "Ciertamente, la palabra de Dios es viva y poderosa, y más cortante que cualquier espada de dos filos. Penetra hasta lo más profundo del alma y del espíritu, hasta la médula de los huesos, y juzga los pensamientos y las intenciones del corazón." El cuidado de la comunicación abierta entre un padre y el niño demasiado no puede ser acentuado independientemente de su etapa en la vida. Padres sabios y cariñosos harán lo que esto toma para asegurarse que ellos hacen su parte, y saben hacer la conexión derecha con sus niños y mantener una posición de influencia en sus vidas. Este esfuerzo suplementario potencialmente puede producir un entorno de crecimiento espiritual dentro de la casa que podría durar más allá de la siguiente generación.

Conoce su Lengua de Amor

En la lectura de ayer, hablamos de la idea de saber la lengua de amor de su esposo. ¿Pero en cuanto a tus niños? Según el Dr. Gary Chapman, tus niños tienen una lengua de amor. Estas cinco lenguas de amor son el toque físico, los actos de servicio, palabras de afirmación, recibiendo regalos, y gastando el tiempo de calidad. El descubrimiento cuál de las cinco lenguas de amor tu niño tiene es la información sin precio. Por conociendo su lengua de amor de tus niños serás capaz de saber el mejor modo de expresarles su amor y serás capaz de afirmarlos de modos que tú nunca te has imaginado. Para conseguir una mejor comprensión de estas ideas tendrás que leer el libro del Doctor Chapman, Las Cinco Lenguas de Amor de Niños. Conozca la lengua de amor de tu niño y asegúrate que sabes llenar su tanque de amor.

Aplicaciones para el Hogar

Como ayer sugerí, ve en línea al, "Prueba de las 5 Lenguas de Amor". Esta vez deja a tus niños tomar el concurso. Si ellos son demasiado chicos para tomar la prueba, trata de tomarlo para ellos y contestar las preguntas de cómo crees ellos responderían. La meta es saber su lengua de amor. También te recomiendo leer el libro para averiguar más sobre la lengua de amor del niño. El saber a tu hijo mejor sólo te traerá más cercanía juntos como una familia.

Día 25

Su señor le respondió: "¡Hiciste bien, siervo bueno y fiel! En lo poco has sido fiel; te pondré a cargo de mucho más. ¡Ven a compartir la felicidad de tu señor! (Mt. 25:21)

"¿Es de los padres o de la iglesia el trabajo de disciplinar a los adolescentes?"
- Steve Wright

¿Qué tanto amas a tu familia?

Una mamá ocupada en casa hacía algunos quehaceres domésticos cuando el teléfono sonó. Como ella iba a contestar, ella tropezó con la sábana en el suelo, intentó sostenerse en algo, y la mesa donde el teléfono se encontraba, se cayó e hizo un choque ruidoso. Como el receptor se cayó al piso, le pego al perro de la familia. El perro saltó y se fue aullando y ladrando en el pasillo atropellando todo en su camino. Un niño de dos años estaba tomando una siesta, pero se despertó por tantos ruidos. Comenzado por el ruido, él comenzó a gritar y gritar muy fuerte. La mamá, no creyendo que solamente pasó, derribado, se despertó sobre sus manos y rodillas, y se arrastró al teléfono. Ella finalmente logra ponerse al receptor y oye a su marido decir, "Nadie dijo ¡hola!, pero tengo sin duda tengo el número de teléfono correcto."

La familia puede ser loca por momentos; sin embargo, nada en el planeta es comparado con la alegría de ser parte de una. El Señor creo esta institución y es su deseo para cada familia que haya un crecimiento físico y espiritual. ¿Cómo está tu familia? ¿Está creciendo físicamente y espiritualmente? Si no, ¡puede crecer! Si sí, ¿Puede haber mayor crecimiento?

El Último Desafío

La Escritura es concernir inequívocamente. En Deuteronomio 6 y 11 así como Proverbios 22:6 indica a los padres como ser los discípulos primarios en la vida del niño. Cuando esto viene a la fabricación de discípulo, los padres deberían reproducirse, ser un fabricante-discípulo no es una tarea fácil. Esto requiere tiempo, la dedicación, y la convicción fuerte. Pero el ingrediente más importante para hacer el crecimiento espiritual dentro de la casa una realidad tiene el entorno derecho en la casa. Según un estudio hecho con más de 500 consejeros de familia. "Enfoque a las Familias" descubrió los rasgos siguientes superiores de familias exitosas.

- *Comunicación*
- *Afirmando y apoyando a los miembros de la familia*
- *Respetando unos a otros*
- *Desarrollando un sentido de confianza*
- *Compartiendo tiempo y responsabilidad*
- *Diferenciando entre el bien y el mal*
- *Tener tradiciones*
- *Compartiendo un corazón religioso*
- *Respetando la privacidad*

¿Son algunos de estos rasgos en el ADN de tu casa? Ellos pueden ser si tú estás dispuesto a aplicar algunos de los principios que hemos estudiado durante los 24 días anteriores. Para ayudar en su búsqueda de hacer su casa un lugar donde el crecimiento espiritual puede ocurrir, me deja ofrecer unas sugerencias más... en realidad, más bien 52 sugerencias o una por semana. Con cuidado piensa poner en práctica las ideas siguientes:

1. Tengan una noche de juegos con la familia (juegos de mesa, no video juegos)
2. Coman juntos sin TV por siete días consecutivos.
3. Lean la Biblia juntos cada noche antes de irse a dormir por un mes
4. Siéntense juntos como familia en la iglesia.
5. Apaguen la TV por una noche durante la semana.
6. Los padres se llevan a sus hijas y las madres se llevan a sus hijos a cenar o por un café.
7. Los papas, abran la puerta cuando tu esposa va a entrar.
8. Salgan a dar un paseo junto como familia.
9. Traten de estar presentes en los eventos extracurriculares de sus hijos.
10. Vayan de picnic juntos como familia.
11. Pídanle a Dios que bendiga la comida.
12. Tengan muchas fotos en las paredes, mesas, y repisas de la familia.
13. Hagan rompecabezas juntos
14. Vean un deporte en la TV o vayan a un evento deportivo.
15. Escojan una noche por semana por las siguientes semanas para ser "la noche de la comida favorita". Cada miembro de la familia escoge el menú por semana.
16. Compartan historias.
17. Vayan a misiones juntos.
18. No hablen en el teléfono, cuando tengan a sus hijos en el coche.
19. Ayuda a tu hijo con la tarea.
20. Envuélvete con los ministros en tu iglesia.
21. Salgan de su casa con sus hijos de vacaciones.
22. Coman desayuno en la cena por una noche.
23. Siéntense a ver las estrellas en el jardín.
24. Hagan helado.
25. Compren pistolas de agua y hagan una guerra.
26. Digan "sí" a sus hijos cuando te piden que juegues.
27. Hagan charadas, pero solo ocupen momentos familiares.
28. Planten un jardín junto.
29. Establezcan algunas tradiciones durante año.
30. Pasen una tarde juntos viendo fotos del pasado.
31. Aprende como jugar los juegos de tus hijos y rétalos a que te ganen!

32. Hagan un servicio comunitario junto.
33. Bañen a la mascota juntos.
34. Ayuden a un niño de un país pobre como familia.
35. Salgan juntos a comprar una caja de donas.
36. Asegúrate de que la hora de ir a dormir sea alegre.
37. Celebren juntos cuando algún familiar regrese de un viaje.
38. Deja a uno de tus hijos llevar la devoción.
39. Tengan una noche de pizza y de películas.
40. Come el almuerzo en la escuela con tus hijos.
41. Tengan abrazos familiares.
42. Dale un beso a todos cuando salgas de la casa.
43. El padre hace una pijamada con sus hijos.
44. Canten en la radio cuando tus hijos están en el coche contigo.
45. Hagan una fogata familiar.
46. Hagan galletas juntos como familia.
47. Haz que un integrante lave los platos, otro los seca, alguien guarda los platos y así.
48. Hagan trabajo de jardinería juntos.
49. Despídanse por la ventana cuando alguien sale.
50. Salgan a caminar.
51. Acuéstense en el piso, la cama o el jardín y muéstrales como pensar en Dios.
52. Vayan de pesca o de campamento juntos como familia.

¿Cualquiera de estas sugerencias son factibles? La mayor parte de estas ideas no te costarán algo excepto el tiempo. Con esperanza esta lista te ayudará a comenzar o seguir cultivando un entorno positivo que hace discusión dentro de tu casa. Déjeme estar cerca de la petición tuya de volver y recordar el verso del que hablamos durante el día 15 de Josué 24. Josué dijo, (Josué 24:15b). Estas palabras pueden dar la gran esperanza y el estímulo cuando es aplicado en la casa. Sin embargo, hay una segunda parte de la historia que tiene que ser mencionada. Si giras solamente unas páginas del verso al siguiente libro de la Biblia, encontrarás un paso que te hará pararte y seriamente pensar como padre. En Jueces 2:8-10 dice,

Josué hijo de Nun, siervo del Señor, murió a la edad de ciento diez años, y lo sepultaron en Timnat Jeres, tierra de su heredad, en la región montañosa de Efraín, al norte del monte de Gaas. También murió toda aquella generación, y surgió otra que no conocía al Señor ni sabía lo que él había hecho por Israel.

En otras palabras, las generaciones que vinieron después de Josué no siguieron a Dios. Qué herencia tan triste. ¿Podría esto haber sido evitado? ¿Hizo Josué todo que él debería haber hecho como un líder, como un padre? Quizás, él tuvo que ser más asertivo como el responsable de una nación y en cuanto a responsabilidades paternales. Tal vez él debería haber continuado un "como para mí y mi casa "el viaje israelí para entrenar a los padres a como ser un buen padre. Hay numerosas preguntas que hacer y conjeturas incontables para hacer lo que sólo conduciría a más preguntas, y más conjeturas. Sin embargo, los restos de hechos; Josué y sus contemporáneos fallaron en pasar la batuta de fe a la generación. Lo esencial es que tú y tu familia, o la siguiente generación no tienen que experimentar este destino. ¿Te gustaría un día oír, "Hiciste bien, siervo bueno y fiel"(Mt. 25:21a)? Tú puedes si humildemente vendrás antes del Señor y:

- Toma la ventaja llena del hecho que tú eres la persona más influyente en las vidas de tus hijos.
- Diariamente profundiza su relación con el Señor y búscalo con todo tu corazón, alma, mente y fuerza.
- Coherentemente esfuérzate de ser el dirigente espiritual de tu familia y muéstrales el camino en la presencia del Señor con la oración y el estudio de la palabra.
- Conviértete en el estudiante de tus hijos y de su cultura, para que puedas saber cómo entrenarlos como seguidores de Cristo.
- Haz lo que sea necesario para proveer un ambiente de crecimiento espiritual en tu casa.

Acepta estos desafíos. Aplica la Palabra de Dios y sus principios de la vida. Despiadadamente persigue a Cristo. Tenle confianza al Señor y un día te pararás y verás que tus niños experimentan un paseo mucho más profundo con el Señor que lejos excede el tuyo. ¿No es un objetivo? ¿Qué esperas? Tú puedes hacer esto...

Aplicaciones para el Hogar

En la cena o en la hora de acostarse hoy, pregúntale a cada miembro de tu familia. "¿Cómo sabes que te amo? " deja que ellos sepan la importancia de ser abiertos, y honestos contigo. Asegúrate que sólo quieres hacer el entorno de su de casa mejor. Una vez sabiendo cuáles son sus respuestas , te puede ayudar a hacer tu casa un mejor lugar para vivir y crecer.

Appendix

During an average week, how many days do you read your Bible?

	Mom	% Mom	Dad	% Dad	%
Never	1	4%	0	0%	2%
1-2 times per week	9	39%	7	33%	36%
3-4 times per week	5	22%	7	33%	27%
5-7 times per week	8	35%	7	33%	34%

Who typically leads the family devotion time?

	Mom	% Mom	Dad	% Dad	%
Dad	7	30%	8	38%	34%
Mom	4	17%	2	10%	14%
Child	0	0%	0	0%	0%
We Alternate	0	0%	3	14%	7%
We don't do family devotion time	12	52%	8	38%	45%

During an average week, how many days do you specifically pray for your child(ren)?

	Mom	% Mom	Dad	% Dad	%
Never	1	4%	1	5%	5%
1-2 times per week	2	9%	2	10%	9%
3-4 times per week	4	17%	4	19%	18%
5-7 times per week	16	70%	14	67%	68%

During an average week at home, how many times does your family sit together and eat dinner at the kitchen or dining room table?

	Mom	Dad	%
Never	1	0	2%
1-2 times per week	2	5	16%
3-4 times per week	12	7	43%
5-7 times per week	8	9	39%

Endnotes

Tag You're It – Chapter 1

[1] Steve Wright and Chris Graves, *ApParent Privilege: That the next generation might know… Psalm 78:6* (Wake Forest, NC: InQuest Publishing, 2008), 18.

[2] Ibid., 18.

[3] David Alan Black, *The Myth of Adolescence: Raising Responsible Children in an Irresponsible Society* (Yorba Linda, CA: Davidson Press, 1999), 41.

[4] Ken Hemphill and Richard Ross, *Parenting with Kingdom Purpose* (Nashville, TN: B&H Publishing, 2005), 50.

[5] Ibid., 50.

[6] Reggie Joiner and Casey Nieuwhof, *Parenting Beyond Your Capacity: Connect Your Family to a Wider Community* (Colorado Springs, CO: David C. Cook, 2010), 27.

[7] Christian Smith, and Melinda Lundquist Denton, *Soul Searching: The Religious and Spiritual Lives of American Teenagers* (New York, NY: Oxford University Press, 2005), 261.

[8] Steve Wright and Chris Graves, *Rethink: Decide for Yourself, Is Student Ministry Working?* (Wake Forest, NC: InQuest Publishing, 2008), 48.

[9] Ibid., 48-49.

[10] Alan Melton and Paul Dean, *Disciple Like Jesus for Parents: Following Jesus' Method and Enjoying the Blessings of Children* (n.p.: Xulon Press, 2009), 59-60.

[11] David Jeremiah, *Hopeful Parenting: Encouragement for Raising Kids Who Love God* (Colorado Springs, CO: David C. Cook, 2008), 71.

[12] Ibid., 71-72.

[13] Ken Ham and Britt Beemer, *Already Gone: Why Your Kids Will Quit Church and What You Can Do To Stop It* (Green Forest, AR: Master Books, 2009), 32.

[14] Richard Swenson, *Margin: Restoring Emotional, Physical, Financial, and Time Reserves to Overloaded Lives* (Colorado Springs, CO: Navpress, 2004), 122.

[15] Paul Renfro, Brandon Shields, and Jay Strother, *Perspectives on Family Ministry: 3 Views* (Nashville, TN: B&H Publishing, 2009), 25.

[16] Steve Wright and Chris Graves, *Rethink: Decide for Yourself, Is Student Ministry Working?* (Wake Forest, NC: InQuest Publishing, 2008), 86.

[17] Ibid., 150.

[18] Ibid., 106.

[19] George Barna, *Revolutionary Parenting: What the Research Shows Really Works* (Carol Stream, IL: Tyndale House Publishers, 2007), 106.

[20] Reggie Joiner and Casey Nieuwhof, *Parenting Beyond Your Capacity: Connect Your Family to a Wider Community* (Colorado Springs, CO: David C. Cook, 2010), 64.

[21] Ibid.,72.

[22] Mark Kelly, "Parents and Churches Can Help Teens Stay in Church," *Lifeway*, available from: http://www.lifeway.com/article/165963, accessed January 12, 2011.

[23] Ibid.

Chapter 2 – It All Starts with You

[1] Steve Wright and Chris Graves. *Rethink: Decide for Yourself, Is Student Ministry Working?* (Wake Forest, NC: InQuest Ministries, 2008), 82.

[2] Ibid., 82.

[3] John Maxwell, *The 21 Irrefutable Laws of Leadership* (Nashville, TN: Thomas Nelson Publishing, 1998), 136.

[4] Michelle Anthony, *Spiritual Parenting: An Awakening for Today's Families* (Colorado Springs, CO: David C. Cook, 2010), 142.

[5] Ken Hemphill and Richard Ross, *Parenting with Kingdom Purpose* (Nashville, TN: B & H Publishing Group, 2010), 36.

[6] Mark Kelly, "Lifeway Research: Parents, Churches Can Help Teens Stay in Church," *Lifeway*, available from: http://www.lifeway.com/article/165950/, accessed January 13, 2011.

[7] Norma Schmidt, "Being What We Want to See: What a Bag of Peaches Taught Me About Parenting," *Ezine@rticles*, available from: http://ezinearticles.com/119226, accessed January 15, 2011.

[8] John Maxwell, *The 21 Irrefutable Laws of Leadership* (Nashville, TN: Thomas Nelson Publishing, 1998), 138.

[9] Christian Smith, and Melinda Lundquist Denton, *Soul Searching: The Religious and Spiritual Lives of American Teenagers* (New York, NY: Oxford University Press, 2005), 57.

[10] David Roach, "Waggoner Finds American Protestants Deviate from Biblical Discipleship Standards," *Lifeway*, available from: http://www.lifeway.com/ article/169247, accessed January 16, 2011.

[11] See Appendix.

[12] David Roach, "Waggoner Finds American Protestants Deviate from Biblical Discipleship Standards," *Lifeway*, available from: http://www.lifeway.com/ article/169247, accessed January 16, 2011.

[13] John Maxwell, *Leadership Promises for Every Day* (Nashville, TN: Thomas Nelson Publishing, 2003), 388.

[14] Unknown Author, "Quotes," *thinkexist*, available from: http://www.thinkexist.com, accessed on August 1, 2011.

[15] Norma Schmidt, "Being What We Want to See: What a Bag of Peaches Taught Me About Parenting," *Ezine@rticles*, available from: http://ezinearticles.com/119226, accessed January 15, 2011.

[16] John Maxwell, *The 21 Irrefutable Laws of Leadership* (Nashville, TN: Thomas Nelson Publishing, 1998), 138.

[17] William Barclay, *The New Daily Study Bible: The Letters to the Philippians, Colossians, and Thessalonians* (Louisville, KY: Westminster John Knox Press, 2003), 185-186.

[18] Bill Hybels, "Vision," *Sermon Illustrations*, available from: http://www.sermonillustrations.com/a-z/v/vision.htm, accessed August 1, 2011.

[19] John Maxwell, http://www.stpaulwestlake.org/PDF/casting_vision.pdf, accessed August 1, 2011.

[20] Bits & Pieces, "Success," *Sermon Illustrations,* available from: http://www.sermonillustrations.com/a-z/s/success.htm, accessed January 15, 2012.

Chapter 3 – Spiritual Leadership in the Home

[1] John Maxwell, *The 21 Irrefutable Laws of Leadership* (Nashville, TN: Thomas Nelson Publishing, 1998), 138.

[2] David Black, *The Myth of Adolescence* (Yorba Linda, CA: Davidson Press, 1999), 50.

[3] Jim Burns, *Confident Parenting* (Bloomington, IL: Bethany House Publishers, 2007), 59.

[4] Ken Ham and Steve Ham, *Raising Godly Children in an Ungodly World: Leaving a Lasting Legacy* (Green Forest, AR: Master Books, 2009), 108.

[5] See Appendix.

[6] Christian Smith, and Melinda Lundquist Denton, *Soul Searching: The Religious and Spiritual Lives of American Teenagers* (New York, NY: Oxford University Press, 2005), 56.

[7] Ron Luce, *Re-Create: Building a Culture In Your Home Stronger Than The Culture Deceiving Your Kids* (Ventura, CA: Regal, 2008), 134.

[8] R. Kent Hughes, *Luke: Volume 1* (Wheaton, IL: Crossway Books, 1998), 100.

[9] James Merritt, *In a World of…Friends, Foes, and Fools: Fathers Can Teach Their Kids to Know the Difference* (n.p.: Xulon Press, 2008), 194.

[10] See Appendix.

[11] Ibid.

[12] Patrick M. Morley, *The Man in the Mirror* (Nashville, TN: Thomas Nelson, 1992), 126-127.

[13] Sparky Anderson, *Brainyquotes*, available from: http://www.brainyquote.com/quotes / quotes/s/sparkyande139386.html, accessed on March 14, 2012.

[14] Rod Cooper, "Being the Leader God Wants You to Be: Finding Honor and Respect at Home" (sermon, Lakeview Baptist Church, Hickory, NC, September 8, 2006).

[15] Ibid.

[16] Ibid.

[17] Ibid.

[18] Ibid.

[19] Ibid.

[20] Bobby Bowden, "Bobby Bowden's Talk" (lecture, Hickory Metro Convention Center, Hickory, NC, December 6, 2010).

[21] Ibid.

[22] Ibid.

[23] Ibid.

Chapter 4 – A Different Approach

[1] James Merritt. Interview by author, Cross Pointe Church, Duluth, GA, September 28, 2010.

[2] Walt Mueller, *The Space Between: A Parent's Guide to Teenage Development* (Grand Rapids, MI: Zondervan 2009), 84.

[3] Tom McGrath, *Raising Faith-Filled Kids: Ordinary Opportunities to Nurture Spirituality at Home* (Chicago, IL: Loyola Press, 2000), 238.

[4] Christian Smith and Melinda Lundquist Denton, *Soul Searching: The Religious and Spiritual Lives of American Teenagers* (New York, NY: Oxford University Press, 2005), 167.

[5] Ibid., 167-168.

[6] Ibid., 168.

[7] David Jeremiah, *Hopeful Parenting: Encouragement for Raising Kids Who Love God* (Colorado Springs, CO: David C. Cook, 2008), 72.

[8] Dean O'bryan, "It's His Church," *Sermon Central*, available from: http://www. sermoncentral.com/sermons/its-his-church-dean-obryan-sermon-on-church-purpose-of-51707.asp, accessed on March 15, 2012.

[9] *Blue Letter Bible*, "Dictionary and Word Search for derek (Strong's 1870)," Blue Letter Bible, available from: http://www.blueletterbible.org/ lang/lexicon/lexicon.cfm? Strongs=H1870&t=NIV, accessed February 20, 2011.

[10] Chuck Swindoll, *Parenting: From Surviving to Thriving* (Nashville, TN: Thomas Nelson Publishing, 2006), 24.

[11] John White, "The Way He Should Go," *Bible.org*, available from: http://bible.org/ illustration/proverbs-226, accessed February 20, 2011.

[12] Emily Graham, "What Is Your Child's Learning Style?" *School Family.com*, available from: http://www.schoolfamily.com/school-family-articles/article/826-what-is-your-childs-learning-style, accessed February 20, 2010.

[13] The Purpose Associates, "Learning Styles," *Funderstanding*, available from: http://www. funderstanding.com/content/learning-styles, accessed December 14, 2010.

Chapter 5 – Environment of Spiritual Growth

[1] John Calvin, "Commentary on Genesis: Chapter 1," *Blue Letter Bible*, available from: http://www.blueletterbible.org/commentaries/comm _view.cfm? AuthorID=5&contentID=3169&commInfo=13&topic=Genesis&ar=Gen_1_1, accessed on February 22, 2011.

[2] Matthew Henry, "Commentary on Genesis 2," *Blue Letter Bible*, available from: http://www.blueletterbible.org/commentaries/comm_view.cfm?AuthorID=4& contentID =629&commInfo =5&topic=Genesis&ar=Gen_2_15, accessed February 23, 2011.

[3] John MacArthur, "Jesus Silences His Critics: The Great Commandment," *Bible Bulletin Board*, available from: http://www.biblebb.com/files/mac/sg2358.htm, accessed December 14, 2010.

[4] Ibid.

[5] David Jeremiah, *Hopeful Parenting: Encouragement for Raising Kids Who Love God* (Colorado Springs, CO: David C. Cook, 2008), 155-156.

[6] Voddie Baucham, *Family Driven Faith: Doing What it Takes to Raise Sons and Daughters Who Walk with God* (Wheaton, IL: Crossway Books, 2007), 137-138.

[7] Ibid., 143.

[8] Alan Melton and Paul Dean, *Disciple Like Jesus For Parents: Following Jesus' Method and Enjoying the Blessings of Children* (n.p.: Xulon Press, 2009), 77.

[9] David Alan Black, *The Myth of Adolescence: Raising Responsible Children in an Irresponsible Society* (Yorba Linda, CA: Davidson Press, 1999), 35.

[10] Ashley Phillips, "Study:Women Don't Talk More Than Men," *ABC News*, available from: http://abcnews.go.com/Technology/story?id=3348076&page=1, accessed March 8, 2011.

[11] Alan Melton and Paul Dean, *Disciple Like Jesus For Parents: Following Jesus' Method and Enjoying the Blessings of Children* (n.p.: Xulon Press, 2009), 59-60.

[12] See Appendix.

[13] Mark Clements Research, "The Truth About Family Dinners," *Parade*, available from: http://www.parade.com/articles/editions/2007/edition_11-11-2007/Family_Dinners, accessed February 12, 2011.

[14] Jim Burns, "Family Time and Relationships," *Focus On the Family*, available from: http://www.focusonthefamily.com/parenting/building_relationships/celebrating_ your_family_identity.aspx, accessed March 7, 2011.

[15] Mark Clements Research, "The Truth About Family Dinners," *Parade*, available from: http://www.parade.com/articles/editions/2007/edition_11-11-2007/Family_Dinners, accessed February 20, 2011.

[16] Ginger Plowman, "Talking So Your Children will Listen," *Lifeway*, available from: http://www.lifeway.com/article/166936/, accessed March 7, 2011.

[17] Christine Field, "If We Listen, Special Needs Homeschooling," *homeschoolblogger.com*, available from: http://homeschoolblogger.com/hsbcompanyblog/126877/, accessed March 7, 2011.

[18] Bill Bennett, *Don't Be a Dude, Be a Dad* (n.p.:n.d.), 4.

[19] James Merritt, *In a World of...Friends, Foes, and Fools: Fathers Can Teach Their Kids to Know the Difference* (n.p.: Xulon Press, 2008), 46.

[20] Ibid., 37.

[21] Bill Bennett, *Don't Be a Dude, Be a Dad* (n.p.:n.d.), 5.

[22] Focus on the Family Bulletin, "Family," *Sermon Illustrations*, available from: http://www.sermonillustrations.com/a-z/f/family.htm, accessed January 15, 2012.

Recommended Reading List

David Jeremiah, *Hopeful Parenting: Encouragement for Raising Kids Who Love God* (Colorado Springs, CO: David C. Cook, 2008).

Chuck Swindoll, *Parenting: From Surviving to Thriving* (Nashville, TN: Thomas Nelson Publishing, 2006).

James Merritt, *In a World of...Friends, Foes, and Fools: Fathers Can Teach Their Kids to Know the Difference* (n.p.: Xulon Press, 2008).

Ron Luce, *Re-Create: Building a Culture In Your Home Stronger Than The Culture Deceiving Your Kids* (Ventura, CA: Regal, 2008).

Ken Hemphill and Richard Ross, *Parenting with Kingdom Purpose* (Nashville, TN: B & H Publishing Group, 2010).

Michelle Anthony, *Spiritual Parenting: An Awakening for Today's Families* (Colorado Springs, CO: David C. Cook, 2010).

Richard Swenson, *Margin: Restoring Emotional, Physical, Financial, and Time Reserves to Overloaded Lives* (Colorado Springs, CO: Navpress, 2004).

Reggie Joiner and Casey Nieuwhof, *Parenting Beyond Your Capacity: Connect Your Family to a Wider Community* (Colorado Springs, CO: David C. Cook, 2010).

Steve Wright and Chris Graves, *ApParent Privilege: That the next generation might know... Psalm 78:6* (Wake Forest, NC: InQuest Publishing, 2008).

Mark A. Holmen, *Building Faith at Home: Why Faith at Home Must Be Your Church's #1 Priority* (Ventura, CA: Regal Books, 2007).

Mark A. Holmen, *Impress Faith on Your Kids* (Nashville, TN: Randall House, 2011).

Doug and Lisa Cherry, *Stick: Making the Handoff to the Next Generation* (Carbondale, IL: Frontline Family Ministries, 2011).

Gary Chapman, *The Five Love Languages of Children* (Chicago, IL: Northfield Publishing, 1997).

Gary Chapman, *The Five Love Languages of Teenagers* (Chicago, IL: Northfield Publishing, 2000).

Alan Melton and Paul Dean, *Disciple Like Jesus For Parents: Following Jesus' Method and Enjoying the Blessings of Children* (n.p.: Xulon Press, 2009).

www.ingramcontent.com/pod-product-compliance
Lightning Source LLC
Chambersburg PA
CBHW081418090426
42738CB00017B/3402